新时代新理念职业教育教材
产教融合、校企“双元”合作开发教材

管理会计综合实训

主　编　崔玉杰　王桂香　席文娟
副主编　霍明倩　王煜凡　孙　华

北京交通大学出版社
·北京·

内容简介

本教材通过模拟企业经营过程中的真实场景，引导学生系统演练管理会计的核心决策与分析技能。本教材内容基于一家企业的完整经营活动，模拟企业的经营决策、筹资决策、投资决策、全面预算与业绩考核评价等关键管理环节，对投融资项目决策、企业资金流管理、现金流预测、销售预测、成本费用预测、平衡计分卡建立、关键绩效指标计算等活动，进行系统性的测算和分析。

本教材的实训内容覆盖投融资管理岗、成本管理岗、营运管理岗及绩效管理岗四大核心模块。学员通过团队分岗实践，综合运用净现值、内含报酬率、本量利分析、敏感性分析、全面预算编制、平衡计分卡、关键绩效指标（KPI）等核心工具与方法，完成从项目可行性分析、资金流预测、成本费用管控、销售洞察到绩效评估与报告的完整管理会计循环。

图书在版编目（CIP）数据

管理会计综合实训 / 崔玉杰，王桂香，席文娟主编. -- 北京 : 北京交通大学出版社，2025. 8. -- ISBN 978-7-5121-5646-3

Ⅰ. F234.3

中国国家版本馆 CIP 数据核字第 20250S5B31 号

管理会计综合实训
GUANLI KUAIJI ZONGHE SHIXUN

责任编辑：刘　蕊　　助理编辑：张一飞
出版发行：北京交通大学出版社　　电话：010-51686414　　http://www.bjtup.com.cn
地　　址：北京市海淀区高梁桥斜街 44 号　　邮编：100044
印 刷 者：北京华宇信诺印刷有限公司
经　　销：全国新华书店
开　　本：185 mm×260 mm　　印张：10　　字数：261 千字
版 印 次：2025 年 8 月第 1 版　　2025 年 8 月第 1 次印刷
定　　价：39.00 元

本书如有质量问题，请向北京交通大学出版社质监组反映。对您的意见和批评，我们表示欢迎和感谢。
投诉电话：010-51686043，51686008；传真：010-62225406；E-mail：press@bjtu.edu.cn。

前言

随着经济的不断发展，企业所处的经济与社会环境也时刻发生着变化。现代企业要通过不断改善自身的经营管理，在市场竞争中站稳脚跟，并通过迅速适应新的经济环境来保持和扩大自身优势。因此，为企业管理服务、确保企业实现科学决策的管理会计方法在企业经营发展过程中显得尤为重要，并发挥着极其重要的管理职能。管理会计方法通过对企业经营活动中的价值链进行反映、分析、预测、控制与评价，帮助企业优化经营管理，有效防控风险，持续创造价值。

本书是面向高等职业教育财经商贸专业管理会计教学的实训教材。本书通过将管理会计实训案例与理论相结合，根据高等职业院校财经商贸类专业学生的学情特点来展开内容，以工作任务为引领和出发点，以岗位模拟、仿真操作为形式开展教学，使学生通过实训切身体会管理会计人员在微观经济管理中应具备的职业能力及分析能力。通过学与训的结合，达到以训促学的目的，学生通过模拟案例进行企业投融资、营运、成本及绩效的管理和分析，掌握成本、营运、投融资、绩效管理过程中所应用的各种工具和方法，提高分析和解决财务问题的实际操作能力，以适应岗位实际工作需要。本教材内容基于一家企业的经营活动，模拟企业在经营过程中发生的经营决策、筹资决策、投资决策、全面预算和业绩考核评价等业务，针对投融资项目决策、企业资金流管理、现金流预测、销售预测、成本费用预测、平衡计分卡建立、关键绩效指标计算等，通过采用团队分岗形式，进行系统性的测算和分析。本教材将实训过程分为投融资管理岗、成本管理岗、营运管理岗和绩效管理岗四个岗位进行，各岗位的职能与实训教学要求如下。

1. 投融资管理岗

（1）投资决策：通过对项目投资进行定性和定量分析，以贴现现金流量为基础，使用净现值、内含报酬率、现值指数等方法进行可行性分析，最终对投资活动做出合理的决策。

（2）筹资决策：通过对资金需要量的预测和资金成本率的计算及分析，对筹资活动做出合理的决策。

2. 成本管理岗

（1）预算编制：编制销售预算、生产预算、成本预算、直接材料预算、直接人工预算、制造费用预算、期间费用预算、应交税费预算、现金预算，以及预计资产负债表及预计利润表。

（2）预算执行情况分析：收入预算、成本预算、期间费用预算、利润预算的执行情况分析。

（3）标准成本法、变动成本法、作业成本法的应用，以及成本差异的计算与分析。

3. 营运管理岗

（1）本量利分析、敏感性分析、边际贡献分析、盈亏平衡分析、安全边际分析、经济订货批量计算。

（2）根据不同产品的成本占比及变化、销售费用子项目占比及变化、财务费用占比及变化进行销售分析与预测、费用分析与洞察。

4. 绩效管理岗

（1）业绩分析：企业盈利能力分析、成本控制能力分析、资金利用效率分析、关键业绩指标分析、资产负债结构合理性分析、人均劳动效率分析等。

（2）绩效考评：平衡计分卡、关键绩效指标（KPI）、责任中心考核评价（成本中心、利润中心、投资中心）等。

（3）管理报告：管理会计信息报告。

本教材依托企业管理会计实践，并立足于《中华人民共和国职业教育法》，对教材内容进行了合理化、实用化编排，主要表现在以下方面。

（1）贯彻新时代党的教育方针，坚持马克思主义的指导地位，贯彻习近平新时代中国特色社会主义思想，坚持社会主义办学方向，落实立德树人的根本任务，紧紧围绕为社会主义市场经济和社会主义现代化建设培养财务人员这一根本目标，教学内容在编写上尽量体现“为企业理好财、为经济促发展”的宗旨，力求让学生通过科学分析与研判，提高他们的企业决策科学化水平，为经济发展贡献自己的力量。

（2）将课程思政有机融入专业课程教学，在实训过程中培养学生的职业素养，树立学生的职业道德观念，引领学生树立正确的价值观。会计人员承担着如实生成和提供会计信息、维护国家财经纪律和经济秩序的重要职责。因此，加强会计人员职业道德建设，引导会计人员形成正确的价值追求和行为规范，对于推动经济社会高质量发展具有重要意义。根据财政部制定印发的《会计人员职业道德规范》要求，本教材在编写过程中注重引导学生恪守“坚持诚信，守法奉公；坚持准则，守责敬业；坚持学习，守正创新”的三坚三守职业行为规范，提高会计工作水平和会计信息质量。

（3）在本教材编写过程中，参照《管理会计基本指引》和《管理会计应用指引第100号——战略管理》等管理会计应用指引的相关要求，通过实训练习题，使学生掌握管理会计人员必须具备的管理会计理论方法和分析工具。

（4）本教材重点突出应用性，重点培养学生将管理会计理论知识应用于企业实践的能力和对企业数据的定量分析能力。通过将理论转化为实践，使学生实际操作能力得到提升。

本教材由呼伦贝尔职业技术学院经济管理系崔玉杰、王桂香、席文娟担任主编，呼伦贝尔职业技术学院经济管理系霍明倩、王煜凡、孙华担任副主编，丁玲、谢佩君、郑果晶、可心、张静参编。本教材共分两个模块，模块 1 为管理会计综合实训，模块 2 为管理会计综合实训答案及解析。本教材具体编写分工：崔玉杰、席文娟编写项目 1 投融资管理岗，以及项目 5、项目 6、项目 7、项目 8 中所有项目任务的解答和分析；王桂香、霍明倩、孙华编写项目 2 成本管理岗；丁玲、王煜凡、谢佩君编写项目 3 营运管理岗；郑果晶、可心、张静编写项目 4 绩效管理岗。本教材由崔玉杰统稿。

本教材在编写过程中参考了管理会计相关教材及相关文献资料，颇受启发，在此向这些作者致以最崇高的谢意！

编　者

2025 年 6 月

目　录

模块 1　管理会计综合实训

模块 2　管理会计综合实训答案及解析

模块 1

管理会计综合实训

项目 1
投融资管理岗

任务 1.1　PEST 分析

投融资管理岗

知识目标

熟练掌握 PEST 模型分析及其应用，以及在业务考核中进行 PEST 分类归纳的方法。

能力目标

能够运用 PEST 分析方法对因素进行分类。通过 PEST 模型学习，引导学生发现经营机会，学会通过数据模型进行量化分析，提前识别潜在的经营风险。

德育目标

通过进行经济环境分析，引导学生正确认识中国的社会主义市场经济体制。同时通过实训任务，培养学生的团队协作能力，形成自觉遵守规则，诚实守信的良好习惯。培育学生树立爱岗敬业的职业道德、实事求是的科学精神和协作共进的团队精神。

理论链接

1. PEST 分析的概念

PEST 分析是指宏观环境的分析，P 是政治（politics），E 是经济（economy），S 是社会（society），T 是技术（technology）。在分析一个企业集团所处的外部环境的时候，通常是通过这四个因素来分析企业集团所面临的状况。

2. PEST 分析法的作用

PEST 分析法是战略外部环境分析的基本工具，它通过政治的、经济的、社会的和技术的角度分析，从总体上把握宏观环境并评估这些因素对企业战略目标和战略制定的影响。

3. PEST 分析的分类

在掌握大量的、充分的相关研究资料，以及对所分析的企业有着深刻的认识的基础上，通过对政治、经济、社会、技术方面因素的分析，在背景分析中要求对不同事项进行归类，进行 PEST 归纳。

（1）对于政治环境来说，要分析这个国家或地区的政治制度、政府政策及当地的法律法规等。

（2）对于经济环境来说，要分析这个国家的经济政策、国内生产总值（GDP）、进出口总额及消费者价格指数（CPI）等。

（3）对于社会环境来说，要分析这个国家或地区的民生、文化、教育、卫生、环保、人口等各方面的现状和发展情况。

（4）对于技术环境来说，要分析这个行业的新技术、新工艺或及新材料等。

任务描述

根据本岗位资源 1 和题面资料，运用 PEST 分析方法，将调研情况的主要观点进行归类，分别用大写字母“P”或“E”或“S”或“T”来填制答案。

资源 1：项目投资背景 PEST 模型分析说明

进行 PEST 分析需要掌握大量的、充分的相关研究资料，并且对所分析的企业有着深刻的认识，否则，此种分析很难进行下去。经济方面的资料主要有经济发展水平、规模、增长率、政府收支、通货膨胀率等。政治方面的资料主要有政治制度、政府政策、国家的产业政策、相关法律及法规等。社会方面的资料主要有人口、价值观念、道德水平等。技术方面的资料主要有高新技术、工艺技术和基础研究的突破性进展。

在业务考核中要求对下列观点（A～H）进行分析，对其进行 PEST 分类归纳，在 PEST 分析表（见表 1-2）的因素列填入“P”或“E”或“S”或“T”。

A. 波音每 12～14 年就会推出一个全新的机型。某年，波音公司很可能启动“新型中端市场飞机”项目，该计划以相当于单通道飞机的成本，建造一款跨隔区、短-中程、双通道飞机。

B. 由于经济和地形结构的原因，中国航空业区域市场发展不均衡，东部、一线市场占比过大，中西部、三线市场的投入力度和发展程度滞后，市场两极分化明显。

C. 2002 年，国务院正式印发《民航体制改革方案》，民航业第一次重组整合。

D. 航空出行对于安全要求较高，任何重大国际纠纷、战争、恐怖事件、重大安全事故、流行性疫情、地震、雪灾、台风、火山爆发等突发性事件的发生都可能给航空运输业带来负面影响。

E. 大整合完成后，2005 年，中国民用航空总局公布《国内投资民用航空业规定（试行）》，放宽民航业国内投资准入政策。

F. 中国航空业的特点：航线网络集中+单航线竞争激烈。

G. 为解决城市交通拥堵问题，城市空中机动性技术的研发正在升温，相关项目多达

30 个。其中，空客公司计划在某年底试飞 4 座“城市空中巴士”（City Airbus）电动垂直起降验证机。

H. 随着我国人均国内生产总值的增长，人均航空出行次数会相应提高，航空出行需求将进一步提升。

表 1–1　PEST 对应表

P	政治
E	经济
S	社会
T	技术

表 1–2　PEST 分析表

主 要 观 点	因 素
A	
B	
C	
D	
E	
F	
G	
H	

任务 1.2 设备取得方式决策

知识目标

能够编制项目经营期现金流量预测表，掌握管理会计工具方法。

能力目标

掌握对现金流量的估算，增强学生收集与处理信息的能力，提升学生的判断能力和决策能力。

德育目标

通过本任务的实训，培养学生诚实、守信、吃苦耐劳的品德和善于动脑，勤于思考，及时发现问题的学习习惯，树立细心严谨、勇于创新、团队合作、全局管理的素养。

理论链接

（1）现金流量是指项目投资在其计算期内发生的各种现金支出和现金收入增减的数量。

（2）完整的项目计算期包括建设期和生产经营期，其公式如下。

项目计算期=建设期+生产经营期

（3）现金流量包括现金流出量、现金流入量和现金净流量。

① 现金流出量是指项目投资方案引起的企业现金支出的增加额，其包括以下方面。

a. 建设投资：在建设期内所发生的固定资产投资、无形资产投资和开办费投资等的总和，包括基建投资和更新投资。

b. 流动投资：对原材料、在产品、产成品、存货和货币资金等流动资产的垫支。该投资可能发生在建设期内，也可能发生在生产经营期内，为了简化计算，一般假定发生在建设期的期末。

c. 经营成本：在经营期内为满足正常生产经营活动而用货币资金支付的那部分成本，又称为付现成本。它是生产经营期最主要的现金流出量项目。

d. 所得税支出：对企业来说，只有税后的现金流量才可真正支配使用，而所得税支出是一种现金流出量。

② 现金流入量是指项目投资方案引起的企业现金收入的增加额，其主要包括：

a. 营业收入；b. 回收的固定资产残值；c. 回收的流动资金。

③ 现金净流量是项目计算期内现金流入量与现金流出量的差额。

当现金流入量大于现金流出量时，现金净流量为正数；当现金流入量小于现金流出量时，现金净流量为负数。

现金净流量＝现金流入量－现金流出量

（4）净现值的概念及其计算。

净现值（NPV）是指项目投资未来现金流量按照资本成本或企业要求达到的报酬率折算为现值，其减去初始投资额现值以后的余额，即未来报酬的总现值与初始投资额现值之差额。其计算公式如下。

净现值=未来报酬总现值-初始投资的现值

$$NPV=\sum_{t=1}^{n}\frac{NCF_t}{(1+i)^t}-C_0=\sum_{t=0}^{n}\frac{I_t-O_t}{(1+i)^t}$$

式中：NCF_t——项目第 t 年的现金净流量；

n——项目的时间（年份）；

I_t——项目第 t 年的现金流入量；

O_t——项目第 t 年的现金流出量；

i——预定的贴现率；

C_0——初始投资的现值。

通过以上计算公式可知，净现值实际上就是求项目整个计算期内现金净流量的现值总和。

（5）营业现金流量：项目投产后，在其寿命周期内由于正常的生产经营活动所引起的现金流入量和现金流出量，其包括营业收入、付现成本和所得税支出等。

营业现金净流量计算公式如下。

营业现金净流量
=营业收入-付现成本-所得税
=营业收入-（营业成本-折旧）-所得税
=营业收入-营业成本-所得税+折旧
=税后净利+折旧

子任务 1.2.1　设备取得方式决策

任务描述

根据本岗位资源 2，完成设备取得方式决策表（见表 1-3）。以完整小数位数引用计算，折现系数计算结果以四舍五入保留 4 位小数填制答案，并以填制结果进行后续计算，其余结果以四舍五入保留 2 位小数填制答案。

资源 2：飞机取得方式投资决策及项目收益预测说明

为扩大公司业务规模，开拓新业务范围，腾飞航空拟引进 5 架 MD-600N 系列直升机（世界上最安静的直升机，其特点是无尾桨、安全、振动小、外形美观、空间大）可用于空中航行与观光、商务飞行、亲子飞行、空中婚礼等。该飞机于 2023 年年初引进，折旧年限为 10 年，目前已使用 5 年。飞机引进后，维修和飞行员培训期为 1 年，5 架直升机维修费共计 250 万元，培训费共计 50 万元。引入飞机进行经营后，2023—2027 年，公司的税前利润总额分别为 600 万元、800 万元、1 000 万元、1 200 万元、1 600 万元。

公司有两个引进计划（设备租赁或购买决策不考虑所得税的影响）具体如下。

（1）租赁形式。所发生的一切费用已包含在租赁费中，租赁付款期限为 5 年，飞机在维修和训练期间免租赁费。2023 年至 2027 年底，每架飞机每年支付的租金分别为 150 万元、170 万元、190 万元、210 万元、230 万元。租赁期满后，租赁公司将收回飞机使用权。

（2）直接购买形式。中转费、运输费、保险费及相关税费在购买飞机时均已包含在飞机价格中，并已计入飞机成本。2024 年初，该飞机的可变现价值为人民币 750 万元/架，维护及培训费用为资本化费用，于 2024 年年末支付，并计入资产成本。维修期间不计提折旧。2023 年开始采用年限平均法计提折旧，折旧年限为 5 年，净残值率为 5%。公司于 2027 年年末处置资产，收益为资产剩余部分的价值。2023 年底至 2027 年底，飞机采购价款按每架飞机 190 万元等额支付。

假设投资项目适用的税后资本成本率为 5%，公司对该项目的预扣所得税税率为 10%。

该项目所有的购置或租赁支出以及相关收益与成本均视为年末发生。

表 1-3　设备取得方式决策表　　单位：万元

项　　目	2022 年	2023 年	2024 年	2025 年	2026 年	2027 年
折现系数（结果保留 4 位小数）	—					
租赁费（负数列示）	—					
租赁支出现值（负数列示）		—	—	—	—	—
设备购置支出（负数列示）	—					
购置设备处置变现	—	—	—	—	—	
购置支出现值（负数列示）		—	—	—	—	—
应选择设备取得方式（自购/租赁）		—	—	—	—	—

子任务 1.2.2　项目经营期现金流量预测

任务描述

根据本岗位资源 2 和已完成任务，完成项目经营期现金流量预测表（见表 1–4）。以完整小数位数引用计算，计算结果四舍五入保留 2 位小数填制答案。

表 1–4　项目经营期现金流量预测表

编制单位：腾飞航空公司　　金额单位：万元

产　　品	2023 年	2024 年	2025 年	2026 年	2027 年
年税前利润					
年净利润					

续表

产　品	2023 年	2024 年	2025 年	2026 年	2027 年
年折旧、摊销					
设备变现	—	—	—	—	
年现金净流量					

子任务 1.2.3　项目净现值计算

任务描述

根据本岗位资源 2 和已完成任务，完成项目净现值计算表（见表 1–5）。以完整小数位数引用计算，折现系数计算结果四舍五入保留 4 位小数填制答案，并以填制结果进行后续计算，其余结果四舍五入保留 2 位小数填制答案。

表 1–5　项目净现值计算表　　金额单位：万元

项　目	2022 年	2023 年	2024 年	2025 年	2026 年	2027 年
投资额						
税后净利润						
折旧、摊销						
变现收入	—	—	—	—	—	
现金净流量（流入为正，流出为负）						
折现系数（结果保留 4 位小数）						
项目净现值						

子任务 1.2.4　经营性支出现金流量预测

任务描述

根据本岗位资源 3、营运岗位的填制结果和已完成任务，完成 2024 年经营性支出现金流量预测表（见表 1–6）。以完整小数位数引用计算，计算结果四舍五入保留 2 位小数填制答案。

资源 3：有关经营性支出现金流量及项目支出现金流的说明

1. 经营性支出现金流量估计

（1）数据来源主要来自营运管理岗的 2024 年度预算指标。

营业成本来源于营运管理岗任务 3.2。

销售费用来源于营运管理岗任务 3.3。

管理费用来源于营运管理岗任务 3.4。

税金及附加来源于营运管理岗任务 3.5。

（2）财务费用中因手续费占比较小，所以全部计入筹资活动。

2. 飞机项目支出现金流的估算

（1）飞机购买后 2024 年检修期间的修理费用及培训费计入飞机成本。

（2）每年飞机修理费用在 2023 年及以后期间里，预计发生 10 万元，并以每年 10 万元增长。

（3）飞机其他设备检修费在 2025 年发生 60 万元，飞机其他设备维护费在 2026 年发生 80 万元。

表 1-6　2024 年经营性支出现金流量预测表　　金额单位：万元

支 出 项 目	全年合计	第一季度	第二季度	第三季度	第四季度
营业成本					
销售费用					
管理费用					
税金及附加					
经营性支出现金流量					

说明：销售费用、管理费用、税金及附加按照四个季度平均分配。

子任务 1.2.5　项目支出现金流量预测

任务描述

根据本岗位资源 2、资源 3 和已完成任务，完成项目支出现金流量表（见表 1–7）。以完整小数位数引用计算，计算结果四舍五入保留 2 位小数填制答案。

表 1–7　项目支出现金流量表　　金额单位：万元

支 出 项 目	合计	2022 年	2023 年	2024 年	2025 年	2026 年	2027 年
购买飞机							
飞机修理							
其他							
合计							

任务 1.3　预计财务报表的填制

知识目标

掌握筹资方案分析方法，能够应用融资方案指标进行项目决策。

能力目标

掌握税后净利和普通股每股利润的计算。通过比较两种方案的每股利润，选择最优的融资方案，掌握公司预算期现金流量余缺测算和运筹，预计利润表及资产负债表的计算和填列。

德育目标

结合内容，引导和培育学生树立正确的价值观念，在处理财务关系的过程中保持敬业的良好心态。在课程学习过程中，对知识做到学懂弄通，把事情做细做实，做到精益求精。

理论链接

1. 现金预算编制依据及方法

预算期现金流量余缺表是指以货币形式综合反映预算期内企业经营活动成果，包括利润总额、净利润计划水平的一种财务预算。

预算期现金流量余缺表中的数据主要来源如下。

销售收入数据来源于销售预算表。

销货成本数据来自于生产成本和销售成本预算。

毛利是前两项的差额。

销售及管理费用的数据来自于销售及管理费用预算表。

利息数据来源于现金预算表。

所得税来源于其他现金支出预算表。

2. 预算利润表编制依据及方法

预算利润表是综合反映预算期内企业经营活动成果的一种财务预算，它是根据销售、产品成本、费用等预算资料编制而成的。

3. 预算资产负债表编制依据及方法

预算资产负债表主要反映企业在预算期期末预计的各项有关资产、负债和所有者权益项目的预算执行结果。预算资产负债表与实际资产负债表的内容、格式相同，只不过数据是反映预算期末的财务状况。

子任务 1.3.1　预算期现金流量余缺测算

任务描述

根据企业 UFO 报表附表、本岗位资源 4 和已完成任务，完成 2024 年预算期现金流量余缺测算表（见表 1–8）。以完整小数位数引用计算，计算结果四舍五入保留 2 位小数填制答案。

*注：UFO 报表主要用于企业财务管理和数据分析。

资源 4：公司预算期现金流量余缺测算说明

2024 年度现金流量余缺测算分四个季度进行测算。

（1）根据营运管理岗位任务 3.1～3.3 填列每季度销售回款。

（2）为简化条件，假设每个季度的资金融通方式为银行借款或本金，利息的归还或短期贷款的借入，资金盈余归还短期贷款利息见题面，剩余部分归还长期借款。资金短缺依靠短期贷款补足。其中归还的利息费用包括手续费、扣除了相关利息的收入。

（3）每个季末货币资金期末余额保持在 50 000 万～59 000 万元，借入及归还借款本金数额只能是整数，并且是 10 000 万元的倍数。

（4）所得税按 10%预提，每个季度提取 3 000 万元盈余公积（按 5%计提），支付股利 33 000 万元，各季度均匀支付。

（5）飞机购买后 2024 年检修期间的修理费用及培训费共计 300 万元入资本性支出。

表 1–8　2024 年预算期现金流量余缺测算表　　金额单位：万元

项　　目	全年合计	第一季度	第二季度	第三季度	第四季度
期初现金余额					
加：销售收入					
收回上年应收款项					
合计					
减：现金流出量	—	—	—	—	—
经营支出					
资本支出					
所得税					
支付股利					
合计					
现金余缺					
资金融通（短期贷款）					
归还长期贷款本金					
归还短期贷款利息		3 500.00	0.00	4 000.00	0.00
期末现金余额					

子任务 1.3.2　融资方案指标计算及选择

任务描述

根据本岗位资源 5，完成融资方案指标计算及选择表（见表 1–9）。以完整小数位引用计算，普通股股数以整数填列，其余计算结果四舍五入保留 2 位小数填制答案。根据普通股每股利润判断应选择哪种投资方案，以“方案一”或“方案二”填制答案。

资源 5：最优筹资方案分析选择说明

腾飞航空公司现有权益资金 1 000 万元，普通股 100 万股，每股面值 10 元，2024 年公司资金短缺 120 000 万元，目前 A 项目需筹资 500 万元。有以下两种筹资方案：一是发行年利率为 10%的长期债券；二是增发普通股 50 万股，预计项目投产后可实现息税前利润 400 万元，所得税率 20%，试进行筹资方案分析选择。

表 1–9　融资方案指标计算及选择表　　金额单位：万元

项　　目	方案一	方案二
息税前利润		
税前利润		
税后净利		
普通股股数（万股）		
普通股每股利润		
选择方案：方案一/方案二		

子任务 1.3.3　预算利润表

任务描述

根据本岗位资源 4、营运管理岗位已填制的结果和已完成的任务，完成 2024 年预算利润表（见表 1–10）。以完整小数位数引用计算，计算结果四舍五入保留 2 位小数填制答案。

表 1–10　2024 年预算利润表　　金额单位：万元

项　　目	2024 年
一、营业收入	
减：营业成本	
税金及附加	
销售费用	
管理费用	

续表

项　　目	2024 年
财务费用	
资产减值损失	0.00
加：公允价值变动收益损失以"-"号填列	0.00
投资收益损失以"-"号填列	0.00
其中：对联营企业和合营企业的投资收益	0.00
资产处置收益损失以"-"号填列	0.00
其他收益	0.00
二、营业利润（亏损以"-"号填列）	
加：营业外收入	
减：营业外支出	
三、利润总额（亏损总额以"-"号填列）	
减：所得税费用（估计）	
四、净利润（净亏损以"-"号填列）	

子任务 1.3.4　2024 年预算资产负债表

任务描述

根据本岗位资源 6、营运管理岗位任务已填制的结果和本岗位已完成的任务，完成 2024 年预算资产负债表（见表 1-11）。以完整小数位数引用计算，计算结果四舍五入保留 2 位小数填制答案。

资源 6：资产负债表预算说明

本任务需要结合营运管理岗位和本岗位已完成的任务完成分析计算填列。

（1）应收账款根据营运管理岗子任务 3.1.3 进行填列。

（2）固定资产本年计提的折旧根据营运管理岗子任务 3.2.2 与任务 3.4，本期购入一批办公用电脑，价值为 60 万元。

（3）2024 年发生的检修费与培训费计入在建工程中，检修完毕后结转至直升机成本中。

（4）进行填列的有货币资金、短期借款、长期借款。

（5）2024 年没有增加长期待摊费用。

（6）全年分配并支付股利 33 000 万元。

（7）按照本年净利润的 5%提取盈余公积。

（8）所得税按 10%预提，每个季度提取 3 000 万元。

表 1–11 2024 年预算资产负债表

编制单位： 单位：元

资产	2024 年初	2024 年末	负债和所有者权益（或股东权益）	2024 年初	2024 年末
流动资产：			流动负债：		
货币资金	1 000 000 000.00		短期借款	550 000 000.00	
以公允价值计量且其变动计入当期损益的金融资产	0.00	0.00	以公允价值计量且其变动计入当期损益的金融负债	0.00	0.00
衍生金融资产	0.00	0.00	衍生金融负债	0.00	0.00
应收票据	0.00	0.00	应付票据	500 000 000.00	515 000 000.00
应收账款	110 000 000.00		应付账款	40 000 000.00	40 000 000.00
预付款项	46 000 000.00		预收款项	120 000 000.00	110 000 000.00
应收利息	0.00	0.00	应付职工薪酬	0.00	0.00
应收股利	0.00	0.00	应交税费	0.00	0.00
其他应收款	690 000 000.0	700 000 000.00	应付利息	0.00	0.00
存货	56 000 000.00	52 000 000.00	应付股利	0.00	0.00
持有待售资产	0.00	0.00	其他应付款	0.00	0.00
一年内到期的非流动资产	0.00	0.00	持有待售负债	0.00	0.00
其他流动资产	0.00	0.00	一年内到期的非流动负债	0.00	0.00
流动资产合计	1 902 000 000.00		其他流动负债	0.00	0.00
非流动资产：			流动负债合计	1 210 000 000.00	
可供出售金融资产	0.00	0.00	非流动负债：		
持有至到期投资	0.00	0.00	长期借款	1 500 000 000.00	
长期应收款	0.00	0.00	应付债券	0.00	0.00
长期股权投资	0.00	0.00	其中：优先股	0.00	0.00
投资性房地产	0.00	0.00	永续债	0.00	0.00
固定资产	3 000 000 000.00		长期应付款	0.00	0.00
在建工程	400 000 000.00		预计负债	0.00	0.00
工程物资	0.00		递延收益	0.00	0.00
固定资产清理	0.00	0.00	递延所得税负债	0.00	0.00
生产性生物资产	0.00	0.00	其他非流动负债	0.00	0.00
油气资产	0.00	0.00	非流动负债合计	1 500 000 000.00	

续表

资产	2024 年初	2024 年末	负债和所有者权益（或股东权益）	2024 年初	2024 年末
无形资产	0.00	0.00	负债合计	2 710 000 000.00	
开发支出	0.00	0.00	所有者权益（或股东权益）：		
商誉	0.00	0.00	实收资本（或股本）	600 000 000.00	
长期待摊费用	2 800 000.00		其他权益工具	0.00	0.00
递延所得税资产	0.00	0.00	其中：优先股	0.00	0.00
其他非流动资产	0.00	0.00	永续债	0.00	0.00
非流动资产合计	3 402 800 000.00		资本公积	784 800 000.00	784 800 000.00
			减：库存股	0.00	0.00
			其他综合收益	70 000 000.00	700 000 000.00
			盈余公积	20 000 000.00	
			未分配利润	490 000 000.00	
			所有者权益（或股东权益）合计	2 594 800 000.00	
资产总计	530 800 000.00		负债和所有者权益（或股东权益）总计	5 304 800 000.00	

投融资管理岗任务重难点说明及答题提示

任务 1.1：

掌握 PEST 分析方法。PEST 中的大写字母分别代表宏观环境分析中的政治、经济、社会、技术因素。

子任务 1.2.1：

不考虑所得税因素，直接对比租赁方式和购置方式的现金流量情况，并将现金流量折现至期初，对比两种方式现金流量的现值支出，现值较小者为应选择的方案。折现系数四舍五入取 4 位小数，使用该结果进行后续计算。

子任务 1.2.2：

年现金净流量=净利润+折旧摊销等非付现成本+设备残值变现净利润=税前利润×（1–所得税税率）。

子任务 1.2.3：

投资额即分期付款的各期付款额。

项目净现值计算为各期现金净流量折现之和。

子任务 1.2.4：

重点注意销售费用、管理费用、税金及附加按照四季度平均分配。

子任务 1.3：

重点掌握税后净利和普通股每股利润的计算。通过比较两种方案的每股利润，选择最优的融资方案。债务融资具有所得税的抵税效应。

项目 2
成本管理岗

任务 2.1　价值链业务活动归类

成本管理岗

知识目标

理解“价值链”的概念，掌握价值链业务活动。理解作业成本法中的相关概念，如作业、资源、作业中心设计及分类。

能力目标

根据价值链业务活动内容进行归类，能够按照受益对象层次和重要性将作业进行准确的分类。

德育目标

日常工作和生活中也需要在价值链“经济学”的基础上，对其影响的方面和程度进行深入的考查，充分权衡其中的利弊，以求得最佳的投资方案。通过学习作业成本法下“作业消耗资源、产品消耗作业”的原则，引导学生树立节约资源，合理高效利用资源的意识。

理论链接

（1）产量级作业：明确地为个别产品或服务实施的，使单个产品或服务受益的作业，作业数量与产品、服务的数量成正比，如产品加工检验等。

（2）批别级作业：为一组或一批产品或服务实施的，使该组或该批产品或服务受益的作业，与批次成正比例变动，其包括设备调试、生产准备等。

（3）品种级作业：为生产和销售某种产品或服务而实施的，使该种产品或服务的每个单位都受益的作业。与品种数量成正比例变动，其包括新产品的设计，现有产品质量与功能改进，生产流程的监控，产品广告等。

（4）顾客级作业：为服务特定客户所实施的作业，其包括向个别客户提供的技术支持活动、咨询活动、独特包装等。

（5）设施级作业：为提供生产产品（或服务）的基本能力而实施的作业，使所有产品（或服务）都受益，和产量、销量无关，其包括管理作业、针对企业整体的广告等。

子任务 2.1.1 价值链业务活动归类

任务描述

根据本岗位资源 1，完成航空公司价值链活动分析表（见表 2–3），并用大写字母“A”或“B”填在答题区域。

资源 1：航空公司价值链活动分析说明

1. 价值链理论

1985 年，哈佛商学院的迈克尔 • 波特（Michael E. Porter）教授在其所著的《竞争优势》一书中首次提出“价值链”这一概念，他指出，每一个企业都是进行设计、生产、营销、交货以及对产品起辅助作用的各种活动的集合，所有这些活动都可以用价值链表示出来，同时他将企业的价值活动分为基本活动和辅助活动。如果将企业作为一个整体来看是无法识别竞争优势的，价值链将企业整体从创造价值角度进行了有序的分解，使企业能够清楚地看到其创造价值的各个活动之间的相互关系。在一个企业众多的价值活动中，并不是每一个环节都创造价值，企业所创造的价值，实际上来自企业价值链上的某些特定的价值活动，这些真正创造价值的经营活动，就是企业价值链的“战略环节”。

2. 腾飞航空公司的业务模式

腾飞航空公司的主营业务主要是提供旅客、货物航空运输服务。腾飞航空公司自成立以来，采取差异化的竞争策略，致力于实现高效率运营与最优成本结构，不断提升公司的效益。

1）生产经营模式

航空运输业质量标准高、业务流程复杂、安全运营要求高，因此，这一系统化的服务体系需要多个部门进行分工配合完成。目前腾飞航空公司自身的业务流程分为两个环节，即核心业务环节和辅助业务环节。公司秉持专业化、集约化的经营理念，以自营方式完成核心业务环节的全流程，从而确保航空服务的质量与安全；而辅助业务环节则由第三方外包公司负责。

2）销售模式

公司客运业务的销售模式主要包括三类，即直销、分销、B2B。在销售模式的具体选择上，公司以直销与分销为主，并将 B2B 销售模式作为补充。通过这三种销售模式的有效结合，公司能够灵活调整定价策略，及时把握不同层次的客户需求，具体说明如下。

① 直销模式。公司旗下各直销渠道主要包括公司下属各分支机构、公司机场的直属票台、公司网站、订票热线。各直销渠道先通过中航信的系统平台获取机票销售的实时

信息，旅客再通过各直销渠道购买机票；机票售出后，各直销渠道再将机票销售款回拨给航空公司。

② 分销模式。公司的分销主要包括三方，即中航信、机票销售代理商、BSP 开账与结算计划。BSP 结算中心由 IATA 国际航空运输协会建立，其职能主要是为航空公司与机票代理商之间进行票价的结算，BSP 在我国的运作单位是国际航空运输协会北京办事处。

③ B2B 销售模式。近年来，公司还积极拓展 B2B 代理销售模式，并以此作为传统直销和分销模式的补充。在 B2B 模式中，旅行社等机票代理商可直接通过公司的官方网站获得机票，出售给客户后，代理商再将机票的销售款汇回公司；公司收到机票款后，按照协议约定及代理商的销售情况，向其支付一定比例的代理费用。

3）采购模式

公司主要从上游客户采购飞机、航油、航材。公司向欧洲 KG 采购飞机，支付周期约 2 年，采取部分现金支付与银行融资安排相结合的方式；公司向机场、航油供应商，支付机场使用费、燃油费等，结算方式为电汇，账期一般不超过 15 天。公司的下游客户主要为旅行社以及各家票务公司，账期不超过 T+3。腾飞航空上下游客户情况及结算方式表如表 2-1 所示。

表 2-1　腾飞航空上下游客户情况及结算方式表

	主要客户及其占比	国内外比重	平均账期
采购环节	欧洲 KG 公司	国外 100%	国外支付周期 2 年
	机场、航油供应商	国内 100%	国内不超过 15 天
销售环节	旅行社等机票代理商	国内 100%	国内 T+3

3. 腾飞航空价值链

航空运输价值链的差异是航空公司竞争优势的关键来源。航空公司的许多活动与旅客的活动相互渗透、相互作用。价值链将这些活动分解成有序的片段，每一个片段又是一系列价值活动的集合，每一个价值活动都是旅客与航空公司的一个接触点，这些接触点是航空公司经营差异化的潜在来源，分析研究这些接触点完善相应价值活动使航空公司更具独特性，或者抓住关键的接触点，整合重要的价值活动。公司尝试以全新的方式重构独特的价值链，通过增强经营差异化来重新塑造航空公司的竞争优势。

公司价值链的价值活动分为两大类：基本活动和支持活动。基本活动是涉及产品的物质创造及其销售、转移买方和售后服务的各种活动。支持活动是辅助基本活动，并通过提供采购投入、技术、人力资源以及各种公司范围的职能支持的基本活动。腾飞航空价值链如图 2-1 所示。

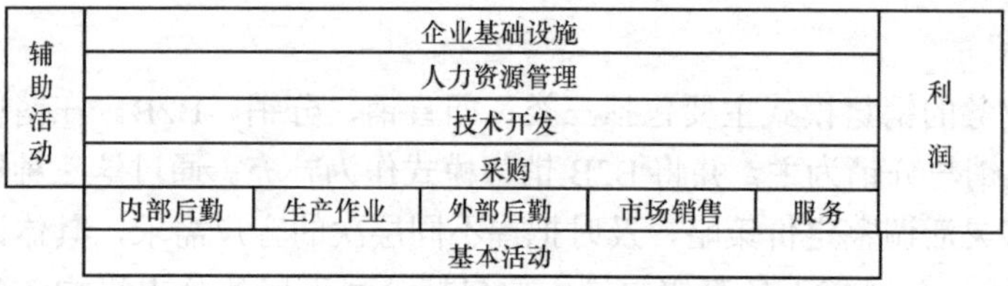

图 2-1　腾飞航空价值链

其中基本活动包括以下几个方面。

（1）内部后勤（inbound logistics）。内部后勤包括接收、存储和分配相关的各种活动。

（2）生产作业（operations）。生产作业是将投入转化为最终产品形式相关的各种活动。由于航空业的行业特性，几乎不涉及此项活动。

（3）外部后勤（outbound logistics）。外部后勤包括与集中、存储和将产品发送给买方有关的各种活动。

（4）市场营销和销售（marketing and sales）。市场营销和销售包括与传递信息、引导和巩固购买有关的各种活动。

（5）服务（service）。服务包括与提供服务以增加或保持产品价值有关的各种活动。

支持活动，即辅助活动包括以下几个方面。

（1）企业基础设施（firm infrastructure）。企业基础设施包括与总体管理、计划、财务、会计、法律、信息系统等有关的价值活动。

（2）人力资源管理（human resource management）。人力资源管理包括与组织各项员工的招聘、培训、开发和激励等有关的价值活动。

（3）技术开发（technology development）。技术开发包括基础研究、产品设计、媒介研究、工艺与包装设计等价值活动。

（4）采购（procurement）。采购指购买用于企业价值链的各种投入活动，包括原材料采购，以及机器、设备、建筑设施等直接用于生产过程的投入品采购等价值活动。

表 2–2　公司价值链理论

序　　号	活 动 内 容
A	基本活动
B	支持活动

表 2–3　航空公司价值链活动分析表

活动内容	所属活动内容
人工客服	
代理售票	
广告	
航材消耗	
采购食品	
托运行李	
空勤人员提供服务	
客舱服务	
航空油料消耗	
航线餐食供应	
飞机发动机折旧费	
经营性租赁	

续表

活动内容	所属活动内容
飞行员训练	
财务筹资决策	
制订培训计划	
技术研发	
员工招聘	

说明：请根据表 2–2 所示的公司价值链理论进行具体分析，对表 2–3 所列活动内容进行基本活动和支持活动归类。

子任务 2.1.2　资源费用类型识别

任务描述

根据本岗位资源 2 和公共资源成本制度，完成资源费用类型识别表（见表 2–6），并用大写字母“A”或“B”或“C”或“D”或“E”填在答题区域。

资源 2：腾飞航空公司成本管理介绍

腾飞航空公司现行的成本核算系统是以部门来核算会计期间的直接运输成本、间接运输成本和管理费用、销售费用及财务费用等期间费用。没有建立以服务产品为基础的成本核算体系，因此腾飞航空公司准备以一条航线为分析对象进行成本管理方式的改变尝试，将作业成本法引入成本管理各环节，分析各环节成本，以实现运营效率的提升。

1. 航空公司实施作业成本法的具体步骤

（1）作业成本法和传统成本法的计算模式区别。

两种成本方法的计算原理及区别如图 2–2 所示。

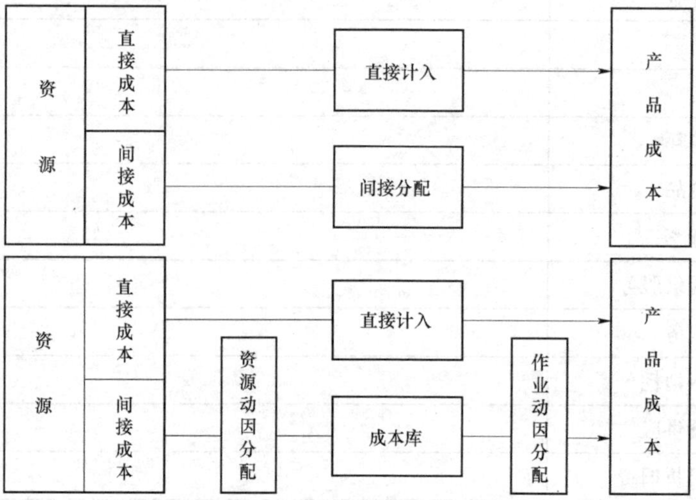

图 2–2　两种成本方法的计算原理及区别

（2）航空公司实施作业成本法具体可分为五个步骤。

① 界定航空公司涉及的各项作业。例如机场起降、空中运行、客舱服务、飞机维护、飞行训练等。

② 确认航空公司涉及的资源。例如人员薪酬、航材储备、航空油料等。

③ 将资源分配给作业。在完成内部部门成本转移后，将业务部门如飞行部、维修部、支援部的资源成本库归集至各部门相应的作业。

④ 确认作业动因，计算单位作业成本。航空公司业务部门的作业动因一般为飞行时间、实载人数等，由此可以确定单位作业成本。

⑤ 计算航线的成本。以各作业动因所对应的单位成本作为分配标准，将各成本库中归集的费用按各航线的作业量进行分配，得出航线每一作业所耗用的成本，加总后则是航线总成本。

2. 线路票价及作业量

（1）机票价格。

根据销售部门统计的数据得知，公司2024年A101线路旺季平均机票价格是1 500元/张，淡季平均机票价是1 000元/张。

（2）2024年预计作业量如表2–4所示，资源类型表如表2–5所示。

表2–4　2024年预计作业量

项　目	旺　季	淡　季
旅客人数	15 000	13 200
飞行小时	313.25	213.25
飞行起降次数	143	123
吨公里	642 900	442 000

表2–5　资源类型表

序　号	资源类型
A	产量级资源
B	批别级资源
C	品种级资源
D	设施级资源
E	顾客级资源

表2–6　资源费用类型识别表

资源名称	解　释	资源类型序号
地勤人员工资	地面后勤人员工资及津贴	
广告费	航空公司的广告支出	
航材消耗件	航材消耗件的消耗开支与飞行小时成近似比	
高价周转件摊销	高价周转件的摊销，此次航线上飞机的摊销	
空勤人员工资	空勤人员的工资和津贴	

续表

资源名称	解　释	资源类型序号
电脑订座费	订票手续费	
BSP 手续费	代理订票费用	
客舱服务费	飞机飞行中空乘提供服务的费用	
机场起降和停场服务费用	飞机起降后经停的费用（以起降次数收取费用）	
航空油料消耗	航空飞行消耗的航油燃料与飞行小时成近似比	
航线餐食供应	为旅客提供的餐饮费用	
飞机发动机折旧费	飞机发动机的磨损及消耗	
机务人员费用	机务人员的工资、食宿等	
经营性租赁费	临时性的租赁费，此次航线上产生的租赁	
旅客安检费	旅客安检中的检测费、人工费按照旅客人数收取费用	
飞行员训练费	飞行员训练的教练费、课程培训费等	
财务手续费	投融资过程中发生的手续费、代理费	
保险费	飞机及发动机保险费，此次航线上产生的保险费	
管理办公费	管理部门发生的办公费、印刷费、其他内勤开支	
飞机及发动机大修理费	飞机发动机及附加的各级检修和技术维护发生的费用	
航线资源使用费/次	向航空公司征收的专项基金	

子任务 2.1.3　作业活动类型识别

任务描述

根据本岗位资源 2 和公共资源成本制度，完成作业活动类型识别表（见表 2–7），并用大写字母“A”或“B”或“C”或“D”或“E”填在答题区域。

表 2–7　作业活动类型识别表

作业活动	作　业　类　型
地面服务	
登机服务	
后台支持	
空中服务	
飞机维护	
应急保障	
技术支持	
管理支持	

注：地面服务、登机服务为旅客作业；后台支持、空中服务为航班作业；飞机维护、应急保障为航线作业；技术支持、管理支持为网络作业。

任务 2.2　资源费用明细表

知识目标

了解资源费用包括的内容，掌握资源费用的计算方法。

能力目标

在实训中根据企业实际情况和总体要求能够计算资源费用明细并填列至表格。

德育目标

通过成本管理岗实训任务中对资源费用明细的计算，培养学生树立精打细算、厉行节约、杜绝浪费、节约资源、合理高效利用资源的意识。

任务描述

根据本岗位资源 2 和资源 3，完成 2024 年 A101 航线资源费用明细表（见表 2-10）。计算结果四舍五入保留 2 位小数填列。

资源 3：资源费用预算假设

1. 成本费用预算编制要求

1）总体要求

（1）成本费用预算只包括 A101 航线。

（2）费用的分类如下：

BSP 手续费、电脑订座费、广告费为销售费用；保险费和管理办公费为管理费用；财务手续费为财务费用；其余均为营业成本。

2）具体要求

（1）2024 年预计的单位各项资源费用表，如表 2-8 所示。

表 2-8　2024 年预计的单位各项资源费用表　　金额单位：元

资源名称	解　释	单位成本
航材消耗件	航材消耗件的消耗开支	15 元/人
电脑订座费	订票手续费	8 元/人
BSP 手续费	代理订票费用	5 元/人
航线餐食供应	为旅客提供的餐饮费用	18 元/人
旅客安检费	旅客安检中的检测费、人工费	2 元/人

续表

资源名称	解　　释	单位成本
客舱服务费	飞机飞行中空乘提供服务的费用	7 000 元/次
机场起降和停场服务费用	飞机起降后经停的费用	3 000 元/次
航空油料消耗	航空飞行消耗的航油燃料	7 000 元/小时
高价周转件摊销	高价周转件的摊销，此次航线上飞机的摊销	500 元/小时
经营性租赁费	缓解旺季运输量增多而产生的临时性飞机租赁费	3 000 元/小时
保险费	飞机及发动机保险费，此次航线上产生的保险费	0.1 元/公里
飞机发动机折旧费	飞机发动机的磨损及消耗	2 000 元/小时
飞机及发动机大修理费	飞机发动机及附加的各级检修和技术维护发生的费用	780 元/小时
飞行员训练费	飞行员训练的教练费、课程培训费等	270 元/小时

（2）工资、手续费和办公费的历史数据，如表 2–9 所示。

表 2–9　2023 年成本费用　　金额单位：元

资源名称	解　　释	2023 年成本费用
地勤人员工资	地面后勤人员工资及津贴	447 420.00
机务人员费用	机务人员的工资、食宿等	1 165 049.00
空勤人员工资	空勤人员的工资和津贴	699 029.13
财务手续费	投融资过程中发生的手续费、代理费	50 000.00
管理办公费	管理部门发生的办公费、印刷费、其他内勤开支	250 000.00

（3）人员工资包括后勤人员、机务人员、空勤人员工资。

预计 2024 年人员工资较 2023 年上涨 3%。

（4）财务手续费。

预计 2024 年财务手续费与 2023 年持平。

（5）管理办公费。

根据过去办公费花费情况，进行核定与检查，发现办公费存在较为严重的不合理超支花费及浪费现象，因此 2024 年管理办公费在 2023 年基础上缩减 10%作为 2024 年预算值。

（6）广告费。

航空公司 2024 年预计的广告支出约为营业收入的 3%。

（7）航线资源使用费。

航线资源使用费前身为民航基础建设设施建设基金，其是向航空公司征收的专项基金，发生的航线资源使用费预计为 A101 航线收入的 0.16%。

表 2–10　2024 年 A101 航线资源费用明细表　　单位：元

项　　目	资源费用合计
航材消耗件	
电脑订座费	
BSP 手续费	
航线餐食供应	
旅客安检费	
客舱服务费	
机场起降和停场服务费用	
航路资源使用费/次	
航空油料消耗	
高价周转件摊销	
经营性租赁费	
保险费	
飞机发动机折旧费	
飞机及发动机大修理费	
飞行员训练费	
地勤人员工资	
机务人员费用	
空勤人员工资	
财务手续费	
管理办公费	
广告费	

任务 2.3 作业成本法

知识目标

理解作业成本法的概念，将作业成本法的基本原理和作业成本法的应用程序应用到实践中。

能力目标

能够应用作业成本法编制资源费用明细表，根据作业成本法原则进行作业分配率的计算，编制作业成本分配表。

德育目标

古语讲“不当家不知柴米贵”，所以学生必须树立正确的成本观念，努力提高全员的成本意识，养成勤俭节约的好习惯。

理论链接

1. 作业成本法的概念

作业成本法是指以“作业消耗资源、产出消耗作业”为原则，按照资源动因将资源费用追溯或分配至各项作业，计算出作业成本，然后再根据作业动因，将作业成本追溯或分配至各成本对象，最终完成成本计算的成本管理方法。

2. 作业的概念

作业是指企业基于特定目的重复执行的任务或活动，其是连接资源和成本对象的桥梁。

3. 资源的概念

企业作业活动系统所涉及的人力、物力、财力都属于资源。一个企业的资源包括直接材料、直接人工、间接的制造费用。在作业成本法下，资源就是分配对象，资源被分配给作业，作业再分配给产品，企业为执行每一种作业所消耗的资源费用，构成该种作业的总成本。

4. 作业中心设计

作业中心设计是指企业将认定的所有作业按照一定的标准进行分类，形成不同的作业中心，作为资源费用追溯或分配对象的过程。作业中心（又称为成本库）可以是某一项具体的作业，也可以是由若干个相互联系的，或是能够实现某种特定功能的作业的集合。

5. 成本动因

成本动因是指诱导成本发生的原因，其是成本对象与其直接关联的作业和最终关联的资源之间的中介，成本动因通常以作业活动耗费的资源来进行度量。在作业成本法下，成本动因是成本分配的依据，按其在资源流动中所处的位置和作用，成本动因可分为资源动因和作业动因。

（1）资源动因是引起资源耗用的成本动因，它反映了资源耗用与作业量之间的因果关系。资源动因选择与计量为将各项资源费用归集到作业中心提供了依据，其公式如下。

资源动因分配率=资源费用/各作业消耗的资源动因数量

分配到某作业成本库中的该项资源=该成本库各作业消耗的资源动因数量×资源动因分配率

某作业成本库耗用的资源费用=∑（该成本库各作业消耗的资源动因量×资源动因分配率）

（2）作业动因是引起作业耗用的成本动因，反映了作业耗用与最终产出的因果关系，是将作业成本分配到流程、产品、分销渠道、客户等成本对象的依据，其公式如下。

作业动因分配率=作业成本/该作业动因总量

分配到某产品的该项作业成本=该产品耗用的作业动因量×该作业中心作业动因分配率

某产品耗用的作业成本=∑（该产品耗用的作业量×作业动因分配率）

6. 作业成本法的基本原理

在作业成本法下，费用的分配与归集是基于以下认识来进行的：

（1）作业消耗资源，产品消耗作业；

（2）生产导致作业的发生，作业导致成本的发生。

作业成本法对直接材料、直接人工等直接成本的核算与完全成本法一样，都采用直接追溯法计入产品成本。二者区别主要体现在制造费用的分配上，作业成本法下对制造费用的分配采用动因追溯的方式进行。

子任务 2.3.1　作业分配率计算

任务描述

根据本岗位资源 2 和已完成任务，完成作业分配率计算表（见表 2-11）。旅客人数和飞机起降次数的作业量保留整数填列，其余结果均四舍五入保留 2 位小数填列。

表 2-11　作业分配率计算表　　金额单位：元

<table>
<tr><th rowspan="2">成本中心</th><th rowspan="2">作业活动</th><th rowspan="2">资源费用</th><th rowspan="2">作业动因</th><th rowspan="2">资源总费用</th><th colspan="3">作业量</th><th rowspan="2">作业分配率</th></tr>
<tr><th>旺季</th><th>淡季</th><th>合计</th></tr>
<tr><td rowspan="5">旅客作业</td><td>地面服务</td><td>地勤人员工资</td><td>飞行小时</td><td></td><td></td><td></td><td></td><td></td></tr>
<tr><td rowspan="4">登机服务</td><td>航线餐食供应</td><td rowspan="4">旅客人数</td><td></td><td rowspan="4"></td><td rowspan="4"></td><td rowspan="4"></td><td rowspan="4"></td></tr>
<tr><td>BSP 手续费</td><td></td></tr>
<tr><td>电脑订座费</td><td></td></tr>
<tr><td>旅客安检费</td><td></td></tr>
</table>

续表

成本中心	作业活动	资源费用	作业动因	资源总费用	作业量			作业分配率
航班作业	后台支持	机务人员费用	飞行小时					
		航空油料消耗						
		航材消耗件						
		高价周转件摊销						
	空中服务	机场起降和停场服务费用	飞机起降次数					
		航路资源使用费/次						
		客舱服务费						
航线作业	飞机维护	空勤人员工资	飞行小时					
		飞机及发动机大修理费						
		飞机发动机折旧费						
	应急保障	经营性租赁费	飞行小时（旺季）					
网络作业	技术支持	飞行员训练费	飞行小时					
	管理支持	财务手续费	吨公里					
		保险费						
		管理办公费						
		广告费						

子任务 2.3.2　作业成本分配表（1）

任务描述

根据本岗位资源 2 和已完成任务，完成作业成本分配表（1）（见表 2-12）。旅客人数和飞机起降次数的作业量保留整数填列，其余结果均四舍五入保留两位小数填列。

表 2–12　作业成本分配表（1）　　金额单位：元

<table>
<tr><th rowspan="2">成本中心</th><th rowspan="2">作业活动</th><th rowspan="2">资源费用</th><th rowspan="2">作业动因</th><th rowspan="2">作业分配率</th><th colspan="3">作业量</th><th colspan="3">作业成本</th></tr>
<tr><th>旺季</th><th>淡季</th><th>合计</th><th>旺季</th><th>淡季</th><th>合计</th></tr>
<tr><td rowspan="5">旅客作业</td><td>地面服务</td><td>地勤人员工资</td><td>飞行小时</td><td></td><td></td><td></td><td></td><td></td><td></td><td></td></tr>
<tr><td rowspan="4">登机服务</td><td>航线餐食供应</td><td rowspan="4">旅客人数</td><td></td><td></td><td></td><td></td><td></td><td></td><td></td></tr>
<tr><td>BSP 手续费</td><td></td><td></td><td></td><td></td><td></td><td></td><td></td></tr>
<tr><td>电脑订座费</td><td></td><td></td><td></td><td></td><td></td><td></td><td></td></tr>
<tr><td>旅客安检费</td><td></td><td></td><td></td><td></td><td></td><td></td><td></td></tr>
<tr><td rowspan="7">航班作业</td><td rowspan="4">后台支持</td><td>机务人员费用</td><td rowspan="4">飞行小时</td><td></td><td></td><td></td><td></td><td></td><td></td><td></td></tr>
<tr><td>航空油料消耗</td><td></td><td></td><td></td><td></td><td></td><td></td><td></td></tr>
<tr><td>航材消耗件</td><td></td><td></td><td></td><td></td><td></td><td></td><td></td></tr>
<tr><td>高价周转件摊销</td><td></td><td></td><td></td><td></td><td></td><td></td><td></td></tr>
<tr><td rowspan="3">空中服务</td><td>机场起降和停场服务费用</td><td rowspan="3">飞机起降次数</td><td></td><td></td><td></td><td></td><td></td><td></td><td></td></tr>
<tr><td>航路资源使用费/次</td><td></td><td></td><td></td><td></td><td></td><td></td><td></td></tr>
<tr><td>客舱服务费</td><td></td><td></td><td></td><td></td><td></td><td></td><td></td></tr>
<tr><td rowspan="4">航线作业</td><td rowspan="3">飞机维护</td><td>空勤人员工资</td><td rowspan="3">飞行小时</td><td></td><td></td><td></td><td></td><td></td><td></td><td></td></tr>
<tr><td>飞机及发动机大修理费</td><td></td><td></td><td></td><td></td><td></td><td></td><td></td></tr>
<tr><td>飞机发动机折旧费</td><td></td><td></td><td></td><td></td><td></td><td></td><td></td></tr>
<tr><td>应急保障</td><td>经营性租赁费</td><td>飞行小时（旺季）</td><td></td><td></td><td></td><td></td><td></td><td></td><td></td></tr>
<tr><td rowspan="5">网络作业</td><td>技术支持</td><td>飞行员训练费</td><td>飞行小时</td><td></td><td></td><td></td><td></td><td></td><td></td><td></td></tr>
<tr><td rowspan="4">管理支持</td><td>财务手续费</td><td rowspan="4">吨公里</td><td></td><td></td><td></td><td></td><td></td><td></td><td></td></tr>
<tr><td>保险费</td><td></td><td></td><td></td><td></td><td></td><td></td><td></td></tr>
<tr><td>管理办公费</td><td></td><td></td><td></td><td></td><td></td><td></td><td></td></tr>
<tr><td>广告费</td><td></td><td></td><td></td><td></td><td></td><td></td><td></td></tr>
</table>

子任务 2.3.3　作业成本分配表（2）

任务描述

根据本岗位资源 2 和已完成任务，完成作业成本分配表（2）（见表 2–13）。旅客人数和飞机起降次数的作业量保留整数填列，其余结果均四舍五入保留 2 位小数填列。

表 2–13　作业成本分配表（2）　　金额单位：元

成本中心	作业活动	作业动因	资源总费用	作业量			作业分配率	作业成本	
				旺季	淡季	合计		旺季	淡季
旅客作业	地面服务	飞行小时	—						
	登机服务	旅客人数	—						
航班作业	后台支持	飞行小时	—						
	空中服务	飞机起降次数	—						
航线作业	飞机维护	飞行小时	—						
	应急保障	飞行小时（旺季）	—						
网络作业	技术支持	飞行小时	—						
	管理支持	吨公里	—						

子任务 2.3.4　单位作业成本计算

任务描述

根据本岗位已完成任务，完成单位作业成本计算表（见表 2–14）。计算结果四舍五入保留 2 位小数填列。

表 2–14　单位作业成本计算表　　金额单位：元

作业中心	旺　季	淡　季	合　计
飞行起降次数	143	123	266
旅客人数	15 000	13 200	28 200
旅客作业成本			
航班作业成本			
航线作业成本			
网络作业成本			

续表

作业中心	旺　季	淡　季	合　计
成本合计			
单次起降成本			
单位旅客成本			

任务 2.4　预计损益表、预计成本表

知识目标

能够区分完全成本法与作业成本法在费用核算上的差别，计算损益表中各项目数据。

能力目标

在掌握完全成本法和作业成本法的基础上，能够应用作业成本法编制预计损益表，应用完全成本法编制预计成本表，并能够对比分析两种方法下的损益表，以及进行盈利差异分析。

德育目标

财务人员会在工作中接触、编制大量的报表，在基础数据的整理、收集、汇总的时候，做到严谨、细致，以保证数据的完整性、准确性，引导学生做到“勤、廉、诚、慎”，必须注重职业道德和自身的修养，做到细心、认真、负责。

理论链接

完全成本法与作业成本法在制造费用核算上的差别如图 2-3 所示。

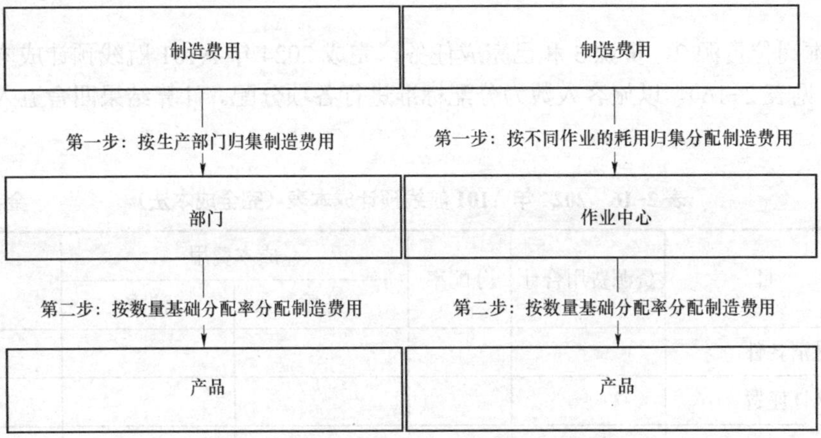

图 2-3　完全成本法与作业成本法在制造费用核算上的差别

子任务 2.4.1　航线预计损益表（作业成本法）

任务描述

根据本岗位资源 2、资源 3、题面注释和已完成任务，完成 2024 年 A101 航线预计损益表（作业成本法）（见表 2–15）。机票数量以四舍五入保留整数填列，其余计算结果四舍五入保留 2 位小数填列。

表 2–15　2024 年 A101 航线预计损益表（作业成本法）　　金额单位：元

项　目	旺　季	淡　季
主营业务收入		
机票数量		
机票价格		
营业总成本		
营业成本		
销售费用		
管理费用		
财务费用		
税金及附加		
营业利润		

*注：机票数量为旅客人数；税金及附加按收入的 5%进行估算。

子任务 2.4.2　航线预计成本表（完全成本法）

任务描述

根据本岗位资源 2、资源 3 和已完成任务，完成 2024 年 A101 航线预计成本表（完全成本法）（见表 2–16）。以旅客人数为分配标准进行各项分配。计算结果四舍五入保留 2 位小数填列。

表 2–16　2024 年 A101 航线预计成本表（完全成本法）　　金额单位：元

项　目	资源费用合计	分配率	成本费用		合计
			旺季	淡季	
航材消耗件					
电脑订座费					
BSP 手续费					

续表

项　　目	资源费用合计	分配率	成本费用		合计
			旺季	淡季	
航线餐食供应					
旅客安检费					
客舱服务费					
机场起降和停场服务费用					
航路资源使用费/次					
航空油料消耗					
高价周转件摊销					
经营性租赁费（旺季）					
保险费					
飞机发动机折旧费					
飞机及发动机大修理费					
飞行员训练费					
地勤人员工资					
机务人员费用					
空勤人员工资					
财务手续费					
管理办公费					
广告费					

子任务 2.4.3　航线预计损益表

任务描述

根据本岗位资源 2、资源 3 和已完成任务，完成 2024 年 A101 航线预计损益表（完全成本法）（见表 2-17）。机票数量以四舍五入保留整数填列，其余计算结果四舍五入保留 2 位小数填列。

表 2-17　2024 年 A101 航线预计损益表（完全成本法）　金额单位：元

项　　目	旺　季	淡　季
主营业务收入		
机票数量		
机票价格		

续表

项 目	旺 季	淡 季
营业总成本		
营业成本		
销售费用		
管理费用		
财务费用		
税金及附加		
营业利润		

*注：机票数量为旅客人数；税金及附加按收入的 5%进行估算。

子任务 2.4.4 盈利差异分析

任务描述

根据本岗位已完成任务，完成盈利差异分析表（见表 2–18）。带有“%”的项目四舍五入保留“%”前 2 位小数填制答案，如 3.50%。其余计算结果四舍五入保留 2 位小数填列。

表 2–18 盈利差异分析表

单位：元

项 目	旺 季				淡 季			
	完全成本法	作业成本法	差异	差异率/%	完全成本法	作业成本法	差异	差异率/%
营业总成本								
营业成本								
管理费用								
销售费用								
财务费用								
营业利润								
营业利润率/%								

*注：差异为完全成本法与作业成本法的差。

成本管理岗任务重难点说明及答题提示

子任务 2.1.1：

掌握价值链管理中的相关活动划分；基本活动包括内部后勤、生产经营、外部后勤、市场营销销售、服务；支持活动包括企业基础设施、人力资源管理、技术开发、采购等活动。

子任务 2.1.2：

重点理解产量级资源、批别级资源、品种级资源、设施级资源、顾客级资源的含义。

子任务 2.3.1：

掌握作业分配率计算，找到各项作业的作业量及对应作业下资源费用的消耗，计算作业分配率；注意经营性租赁费只有旺季。

子任务 2.3.2、2.3.3：

掌握作业成本的分配，根据计算出的作业分配率，和对应项目下消耗的作业量，计算作业成本；注意经营性租赁费只有旺季。

子任务 2.3.4：

根据分配的作业成本除以对应的成本对象数量，计算出单位作业成本。

子任务 2.4.1：

掌握作业成本法，根据作业成本法计算出营业成本，再计算出营业利润；注意税金及附加按收入的 5%进行估算。

子任务 2.4.2：

重点掌握完全成本法计算分配率；注意经营性租赁费只有旺季。

子任务 2.4.3：

难点是区分各项目属于成本还是费用；重点注意税金及附加按收入的 5%进行估算。

子任务 2.4.4：

重点是能够运用完全成本法和作业成本法计算出差异率；注意差异为完全成本法与作业成本法的差。

项目 3
营运管理岗

任务 3.1　销售预算编制

知识目标

理解销售预算的概念，掌握预算管理领域常用的管理会计工具和方法，能够进行销售预算的编制。

营运管理岗

能力目标

根据销售预算准确掌握销售回款情况，确保实现战略目标。

德育目标

根据“凡事预则立，不预则废”，引导学生做任何事情之前都需要养成事前充分准备的习惯，增强学生的预算思维和预算意识。

理论链接

1. 预算管理的概念

预算管理是指企业以战略目标为导向，通过对未来一定期间内的经营活动和相应的财务结果进行全面预测和筹划，科学、合理地配置企业各项财务和非财务资源，并对执行过程进行监督和分析，对执行结果进行评价和反馈，以指导经营活动的改善和调整，进而推动企业战略目标的实现。

预算管理领域应用的管理会计工具方法：滚动预算、零基预算、弹性预算、作业预算等。

2. 销售预算概念

销售预算是用来规划预算期各主要产品的销售量与销售额，即安排预算其销售规模的计划。销售预算是整个预算的编制基础，也是其他预算编制的依据。

3. 编制依据及方法

销售预算需要在销售预测的基础上，根据企业年度目标利润确定的预计销售量和销售价格等参数进行编制的。

销售预算的主要内容是销量、单价和销售收入。销量是根据市场预测或者销售合同并结合企业生产能力确定的；单价是通过价格决策确定的；销售收入是两者的乘积，在销售预算中得出。

在实际工作中，产品销售往往不是现购现销的，可能会产生较大数额的应收账款。所以，销售预算中通常还包括预计现金收入的计算，其目的是编制现金预算提供必要的资料。

4. 具体应用

销售预算通常要分品种、月份、销售区域、推销员来编制。为了简化，本单元均按季度来编制销售预算。

资源 1：销售预算说明

1. 销售预算总体目标

2024 年销售预算依据市场情况，结合公司自身发展及公司发展的战略目标，按照自上而下方式来制定，以确保销售预算可以激发公司销售潜力，准确衡量公司销售目标的完成情况，从而确保实现战略目标。

2. 销售预算编制说明及要求

（1）销售预算采用增量预算方式进行编制。

（2）销售预算计算基数以上年实际业务量和平均单价为基础。

（3）业务量变化与单价变化均按照过去三年（2021—2023 年）的平均增长率作为参考标准，再由管理层根据相关因素进行适当调整，最后确定下一年度预算增长率（预算假设）。销售变动情况中三年的平均变化率是取自各年增长率的平均值。

解释平均变化率=（$X_1+X_2+X_3+\cdots+X_n$）$/n$，比如期初为 100，1 年以后为 110，2 年以后为 132，第 1 年增长率为 10%，第 2 年增长率为 20%。

（4）各季度机票数量和单价比上年同期各季度按平均增长率增加，如上年第一季度单价为 100，平均单价增长率为 10%，计算出本年第一季度单价为 100×（1+10%）。

（5）销售回款预算假设期初应收账款均是上年第四季度收入中未收回的账款。2024 年各季度收入在收入发生季度回款率为 80%，第二个季度回款率为 10%，第三个季度回款率为 10%。

子任务 3.1.1　销售预算—预算假设

任务描述

根据 UFO 报表附表和本岗位资源 1，完成销售变动情况分析及预算假设表（见表 3–1）。

计算结果四舍五入保留“%”前 2 位小数填列，如“3.50%”。

表 3–1　销售变动情况分析及预算假设

项　　目	产品类型	平均变化率/%	2024 年预算假设/%
经济舱旅客	销售量		20.00%
	单价		10.00%
商务舱旅客	销售量		–10.00%
	单价		10.00%

子任务 3.1.2　销售预算—收入预算

任务描述

根据企业介绍中 UFO 报表附表和本岗位资源 1，完成 2024 年销售预算表（见表 3–2）。机票数量的结果四舍五入保留整数填列，其余计算结果四舍五入保留 2 位小数填列，金额单位为元。

表 3–2　2024 年销售预算表

编制部门：　　　　　　　　　　　　　　　　　　　　　　　　　单位：元

项　　目		合计	第一季度	第二季度	第三季度	第四季度
经济舱旅客	收入					
	机票数量					
	单价					
商务舱旅客	收入					
	机票数量					
	单价					
合计	收入					
	机票数量					

子任务 3.1.3　销售回款预算表

任务描述

根据本岗位资源 1 和已完成任务，完成 2024 年预计销售额回款明细表（见表 3–3）。计算结果四舍五入保留 2 位小数填列，金额单位为元。

表 3–3　2024 年预计销售额回款明细表

编制部门：　　　　　　　　　　　　　　　　　　　　单位：元

项　目	2024 年期初应收账款部分		本期销售收入				回款合计
	期初数	2024 年回款	第一季度	第二季度	第三季度	第四季度	
应收账款	110 000 000.00	—	—	—	—	—	—
收入	—	—	1 241 460 000.00	1 405 800 000.00	1 277 000 000.00	1 477 740 000.00	—
第一季度回款	—						
第二季度回款	—						
第三季度回款	—						
第四季度回款	—						
回款合计	—						
应收账款期末余额	—	—	—	—	—	—	

任务 3.2 成本预算编制

知识目标

理解成本目标化管理，遵循成本效益原则，严格控制单位变动成本，摊薄单位固定成本，使总成本增加与销量增幅相匹配。

能力目标

能够运用管理会计工具和方法编制营业成本预算。

德育目标

以平衡管理原则引导学生树立“整体决定部分，部分影响整体”的马克思主义哲学观。

理论链接

1. 营业成本

营业成本是与营业收入直接相关的，已经确定了归属期和归属对象的各种直接费用。营业成本主要包括主营业务成本、其他业务成本。

2. 付现成本

付现成本指需要动用现金付现成本，其是指在一定时期内，为了确保固定资产的正常运转而引发的现金支出。付现成本也称为“现金支出成本”。

3. 营业成本预算

营业成本预算是企业为生产产品、提供劳务等发生的可归属于产品成本、劳务成本等费用进行充分、全面的预测和筹划。应当在确认产品销售收入、劳务收入等收入时，将已销售产品、已提供劳务的成本等成本计入当期损益。

4. 编制依据及方法

以生产成本预算为基础，加上期初存货成本，减去期末存货成本。

资源 2：营业成本预算说明

1. 营业成本总体目标

2024 年要继续强化全员的成本目标管理，提倡成本效益原则，严格控制单位变动成本，摊薄单位固定成本，使总成本增加与销量增幅相匹配，并追求规模成本。

2. 营业成本预算编制说明及要求

（1）营业成本中餐食供应费、机场起降服务费、空勤及飞行人员工资、航空油料费、航空耗材件消耗、机组人员食宿为变动成本，即随业务量变化而变化；其余费用为固定成本，即不随业务量变化而变化。

（2）虽然 2024 年的社会平均工资较 2023 年预计上涨 3%，但管理层与成本中心负责人研判，人工成本的绝对值必然上升，但是可以通过精细化管理和自动化设备的投入，来降低单位人工成本。为此管理层与成本中心负责人制定了对应的单位人工成本标准。

（3）营业成本的季度分解原则：变动成本依照季度预算业务量比例分配，固定营业成本按季度均分。

（4）除折旧外所有营业成本均为付现成本。

子任务 3.2.1　成本预算—变动成本预算表

任务描述

根据本岗位资源 2 和已完成任务，完成 2024 年变动营业成本预算表（见表 3–4）。业务量单位为机票张数结果四舍五入保留整数填列，其余计算结果四舍五入保留 2 位小数填列，金额单位为元。

表 3–4　2024 年变动营业成本预算表

编制部门：　　　　　　　　　　　　　　　　　　　　　　　　单位：元

项　目	2024 年业务量	旅客作业		航线作业		航班作业	
		单位成本	成本	单位成本	成本	单位成本	成本
餐食供应费		50.50		0.00		0.00	
机场起降服务费		0.00		0.00		49.35	
空勤及飞行人员工资		0.00		8.05		0.00	
航空油料费		0.00		0.00		394.00	
航空耗材件消耗		0.00		0.00		56.80	
机组人员食宿		0.00		0.00		14.20	
合计		—	—	—	—	—	
变动营业成本							

子任务 3.2.2　营业成本预算明细表

任务描述

根据本岗位资源 2 和已完成任务，完成 2024 年营业成本预算表（见表 3–5）。计算结果四舍五入保留两位小数填列，金额单位元。

表 3–5　2024 年营业成本预算表

编制部门：　　　　　　　　　　　　　　　　　　　　　　　　　　　　　金额单位：元

主要业务	成本项目	全年合计	第一季度	第二季度	第三季度	第四季度
旅客作业	餐食供应费					
	成本小计					
支援发送作业	机场起降服务费					
	航务费	85 981 800.00				
	航路使用费	45 120 000.00				
	飞机及发动机大修理	217 860 000.00				
	飞机及发动机折旧	463 200 000.00				
	高价周转件折旧	152 198 200.00				
	经营性租赁租金	864 000 000.00				
	空勤及飞行人员工资					
	成本小计					
飞行作业	航空油料费					
	航空耗材件消耗					
	机组人员食宿					
	成本小计					
—	营业成本合计					
—	付现营业成本（现金支出）					

任务 3.3　销售费用预算

知识目标

以销售预算为基础，能够分析销售收入、销售利润和销售费用的关系，并编制销售费用预算，力求实现销售费用的有效使用。

能力目标

遵循销售费用与销售收入相匹配的原则，严格控制无效销售费用的支出。

德育目标

从全变性原则引导学生将刚性与柔性相结合，培养学生养成原则性与灵活性相统一的辩证思维。

理论链接

销售费用预算是指为了实现销售预算所需支付的费用的预算。它以销售预算为基础，通过分析销售收入、销售利润和销售费用的关系，力求实现销售费用的有效使用。

任务描述

根据 UFO 报表附表、本岗位资源 3 和已完成任务，完成 2024 年销售费用预算表（见表 3-6）。计算结果四舍五入保留 2 位小数填列，金额单位为元。

资源 3：销售费用预算说明

1. 销售费用预算总体目标

2024 年要继续强化成本费用管理要求，严格控制无效销售费用支出，遵循销售费用与销售收入相匹配的原则，力争使销售费用率（每 1 元销售收入对应的销售费用）不超过 2023 年同期水平。

2. 销售费用预算编制要求

（1）假设 2024 年的销售费用率与 2023 年实际的销售费用率保持一致。

（2）2024 年各项销售费用明细采用增量预算编制，在 2023 年实际执行情况的基础上调整得到。BSP 手续费、电脑订座费、广告费、营销内勤人员工资占销售费用总额的比例与 2023 年一致，除营销内勤人员工资为固定成本外，其余各项费用均为变动成本。

（3）所有销售费用均为付现费用。

（4）2024 年销售费用总预算限额为 4 亿元。

表 3-6　2024 年销售费用预算表

编制部门：　　　　　　　　　　　　　　　　　　　　　　　　　　　　单位：元

项　　目	2023 年实际	2024 年预算
BSP 手续费		
电脑订座费		
广告费		
营销内勤人员工资		
合计		

任务 3.4　管理费用预算

知识目标

能够运用管理会计工具和方法编制管理费用预算。

能力目标

能够根据管理费用内容，编制管理费用预算。以尽可能少的资源投入获得尽可能多的产出。

德育目标

通过费用管控，提高学生的节约意识，减少不必要开支，形成勤俭节约的道德风尚和可持续发展的价值观。

理论链接

1. 管理费用预算

管理费用预算是做好一般管理业务所必需的费用，多属于固定成本，一般以过去的实际开支为基础，结合预算期可能发生的变化进行调整。

2. 非付现管理费用

非付现管理费用包括固定资产折旧、无形资产摊销额、开办费用摊销以及借款利息支出等。

任务描述

根据企业介绍 UFO 报表附表、本岗位资源 4 和已完成任务，完成 2024 年管理费用预算表（见表 3–7）。计算结果四舍五入保留 2 位小数填列，金额单位为元。

资源 4：管理费用预算说明

1. 管理费用预算总体目标

2024 年要继续强化成本费用管理要求，严格控制无效管理费用支出，遵循管理费用与销售收入相匹配的原则，力争使管理费用率（每一元销售收入对应的管理费用）不超过 2023 年同期水平。

2. 管理费用预算编制要求

（1）网络作业中心的经营管理费用项目中人工支出、办公费、折旧费、租赁费的比例分别为 50%、10%、20%、20%。

（2）2024 年各项管理费用明细采用增量预算编制，在 2023 年实际执行情况的基础上调整得到。人工支出、租赁费、特业人员培训、后勤其他费用各项费用占营业收入总额比例与 2023 年一致。

（3）办公费、折旧费不按收入占比计算。

（4）除折旧外，所有管理费用均为付现费用。

3. 2024 项目变动新增部分

（1）人工成本。

除按收入占比计算的部分外，2024 年度超计划招聘了 100 名新员工，人均工资额为 6 000 元/月。

（2）办公费。

鉴于 2023 年职能部门办公费预算执行过程中，存在严重的浪费现象，实际花费存在可节约空间。对于职能部门办公费预算 2024 年按照 2023 年实际发生费用的 90%作为办公费预算。

（3）折旧费。

根据已签订的资产采购合同，2023 年 12 月行政管理中心将采购并入账办公用电脑一批，价值为 60 万元，残值为 0，使用寿命为 5 年。除此采购合同外，固定资产未发生增减变动，也未发生会计估计变更。

表 3–7　2024 年管理费用预算表

编制部门：　　　　　　　　　　　　　　　　　　　　　　　　　　　　单位：元

项　目	2023 年实际数	按收入占比计算的部分	2024 年项目增减部分	合计
人工支出				
租赁费				
特业人员培训				

续表

项　　目	2023 年实际数	按收入占比计算的部分	2024 年项目增减部分	合计
后勤其他费用				
办公费		—		
折旧费		—		
管理费用合计		—		
付现管理费用		—	—	

任务 3.5　税金及财务费用预算

知识目标

能够根据要求和税收政策编制税金预算。

能力目标

做好税务筹划把握纳税风险，严格控制不必要的税款支出。

德育目标

能够引导学生严格遵守法律法规，对资金使用时严格履行审批手续，降低资金使用风险。

理论链接

1. 税金及附加

2. 财务预算的编制

（1）预计利润表是指以货币形式综合反映预算期内的企业经营活动成果，包括利润总额、净利润计划水平的一种财务预算。

（2）编制依据及方法：预计利润表中的数据主要来源如下。

① 销售收入数据来源于销售预算表。

② 销货成本数据来源于生产成本和销售成本预算表。

③ 毛利是前两项的差额。

④ 销售及管理费用的数据来自于销售及管理费用预算表。

⑤ 利息数据来源于现金预算表。

⑥ 所得税来源于其他现金支出预算表。

任务描述

根据本岗位资源5和已完成任务，完成2024年税金预算明细表及2024年财务费用预算明细表，如表3-8、表3-9所示。计算结果四舍五入保留2位小数填列，金额单位为元。

资源5：税金及财务费用预算说明

1. 税金及财务费用预算总体目标

2024年要继续强化成本费用管理要求，做好税务筹划把握纳税风险，严格控制不必要的税款支出。对于外部资金使用应严格履行审批手续，以降低资金使用成本和资金使用风险。为进一步优化财务付款结算流程，应降低手续费率，并控制财务费用。

2. 税金及财务费用预算编制要求

1）总体要求

（1）税金及附加预算根据历史数据，结合本年的其他预算数据和税收政策来进行编制。

（2）财务费用预算根据营业活动情况进行编制，本任务环节不考虑2024年可能新增加的投融资项目。

2）具体要求

（1）税金预算。

① 增值税：增值税预算根据历史增值税缴税水平，计算得出增值税缴库率（增值税额/营业收入）约为2.5%。

② 城市维护建设税：按照增值税缴库金额的7%征收。

③ 教育费附加：按照增值税缴库金额的3%征收。

④ 地方教育附加：按照增值税缴库金额的2%征收。

⑤ 印花税预算：印花税预算金额按照30 080元暂估。

（2）财务费用预算。

① 利息收入（以负数填列：经测算，2024年预计全年货币资金余额为12亿元，资金平均利息率为3.5%）。

② 利息支出：2024年预计全年平均有息负债为20亿元，负债利率为5.5%。

③ 手续费及其他：公司计划2024年改变与银行的结算方式，以提升结算效率，在此过程中，财务结算手续费有望降至540万元。

表3-8　2024年税金预算明细表

编制部门：　　　　　　　　　　　　　　　　　　　　　　　　　　　　金额单位：元

序号	项　　目	2023年实际	2024年预算
1	收入	5 000 000 000.00	
2	增值税	134 916 667.00	
3	城市维护建设税	9 444 167.00	

续表

序号	项　　目	2023 年实际	2024 年预算
4	教育费附加	4 047 500.00	
5	地方教育附加	2 698 333.00	
6	印花税	35 000.00	
7	税金及附加合计	151 141 667.00	

表 3–9　2024 年财务费用预算明细表

编制部门：　　　　　　　　　　　　　　　　　　　　　　　　　　　　　金额单位：元

序号	项　　目	2023 年实际	2024 年预算
1	利息收入	−50 920 000.00	
2	利息支出	100 000 000.00	
3	手续费及其他	6 000 000.00	
4	合计	55 080 000.00	

任务 3.6　经营利润弹性预算

知识目标

能够熟练运用弹性预算法，编制预计利润表。

能力目标

能够分析弹性区间营业利润变化情况。

德育目标

由弹性区间引申出边界意识、规则意识，贯彻学生遵章守纪的理念，做任何事情都要把握好“度”。

理论链接

1. 固定预算法

固定预算法，又称为静态预算法，是把企业预算期的业务量固定在某一预计的水平上，以此为基础来确定其他项目预计数的预算方法。

2. 弹性预算法

弹性预算法是指企业在分析业务量与预算项目之间数量依存关系的基础上，分别确定不同业务量及相对应的预算项目的所消耗资源，进而形成企业整体预算的预算编制方法。

任务描述

根据本岗已完成任务、题面资源和题面注释，完成经营利润弹性预算表（见表 3-10）。计算结果四舍五入保留 2 位小数填列，金额单位为元。

表 3-10　经营利润弹性预算表

编制单位：　　　　　　　　　　　　　　　　　　　　　　　　　　　　　金额单位：元

项　目		2024 年预算（80%）	2024 年预算（100%）	2024 年预算（120%）
营业收入	经济舱收入			
	商务舱收入			
	营业收入合计			
营业成本	变动营业成本			
	固定营业成本			
	营业成本合计			
税金及附加	税金及附加			
销售费用	变动销售费用			
	固定销售费用			
	销售费用合计			
管理费用	管理费用			
财务费用	财务费用			
营业利润	营业利润			

*注：税金及附加、管理费用、财务费用均以前面任务预算值为准，其中固定销售费用视为固定费用不随销售收入变化而变化。

任务 3.7 本量利分析

知识目标

理解本量利分析的概念，根据本量利分析基本关系式，能够计算保本量、保本额、保利量、保利额。

能力目标

能够进行保本分析、保利分析。

德育目标

从本量利分析的基本假设引申出边界意识、规则意识，培养学生养成遵章守纪的意识。

理论链接

1. 本量利分析的概念

本量利分析是指以成本性态分析和变动成本法为基础，运用数学模型和图式，对成本、利润、业务量与单价等因素之间的依存关系进行分析，发现变动的规律性，为企业进行预测、决策、计划和控制等活动提供支持的一种方法。在本量利分析中，“本”是指成本，包括固定成本和变动成本；“量”是指业务量，一般指销售量；“利”一般指营业利润。

2. 本量利分析的用途

本量利分析主要用于企业生产决策、成本决策和定价决策，也可广泛地用于投融资决策等。

3. 本量利分析的基本假设

（1）成本性态分析假设。

（2）相关范围及线性假设。

（3）产销平衡和品种结构不变假设。

（4）变动成本法假设。

（5）目标利润假设。

4. 本量利分析的基本公式

开展本量利分析时主要考虑的相关因素包括单价、单位变动成本、固定成本、销售量和利润，它们之间的数量关系可以用公式（本量利分析的基本公式）表示为：

销售收入−变动成本−固定成本=利润

单价×销售量−单位变动成本×销售量−固定成本=利润

（单价−单位变动成本）×销售量−固定成本=利润

本量利分析的基本公式可以进一步拓展为：

单位边际贡献×销售量−固定成本=利润

销售收入×边际贡献率−固定成本=利润

5. 保本分析

1）保本分析的概念

保本是指企业经营正好处于不盈不亏的状态，此时，企业的销售收入正好补偿销售成本，即利润为零。

保本分析是指分析、测定盈亏平衡点，以及有关因素变动对盈亏平衡点的影响等。保本分析是本量利分析的基础，也称为盈亏平衡分析、盈亏临界分析、损益两平分析等。保本分析的原理是通过计算企业利润为零时处于盈亏平衡的业务量，分析项目对市场需求变化的适应能力等。

保本点是指企业处于不盈不亏的状态，即利润为零时的销售量或销售额。

2）保利分析

保利分析是指实现目标利润的业务量计算。

本量利分析的基本公式为：

（单价−单位变动成本）×销售量−固定成本=利润

根据推导，实现目标利润的业务量计算公式为：

实现目标利润的销售量=（固定成本＋目标利润）/（单价−单位变动成本）

=（固定成本＋目标利润）/单位边际贡献

实现目标利润的销售额=（固定成本＋目标利润）/边际贡献率

=单价×实现目标利润的销售量

任务描述

根据本岗位资源 6 和已完成任务，完成本量利分析表（见表 3−11）。业务量、安全边际量结果四舍五入保留整数填列；保本销售量、实现目标利润的销售量计算结果向上取整填列，如“4.12”向上取整为“5”；带有“%”的计算结果以四舍五入保留“%”前 2 位小数填列，如“3.50%”。其余结果四舍五入保留 2 位小数。

资源 6：本量利分析说明

本量利分析说明

（1）在进行本量利指标分析时所需数据引用本岗位 2024 年预算数据进行计算。

（2）变动成本与固定成本按经济舱和商务舱的销售收入占比分配。

（3）本题采用综合贡献边际率法来进行分析计算本量利，按照经济舱与商务舱的销售收入占比进行分摊。

（4）预计 2024 年整体目标利润为 100 000 万元。

（5）保本销售量、实现目标利润的销售量向上取整。

表 3–11　本量利分析表

编制单位：　　　　　　　　　　　　　　　　　　　　　　　　　　　　单位：元

项　目	经济舱旅客	商务舱旅客	整体
业务量/张			
销售收入总额			
收入占比/%			
变动成本合计			
变动营业成本			
税金及附加			
边际贡献率/%			
固定费用合计			
固定营业成本总额			
期间费用总额			
保本销售额			
保本销售量/张			
安全边际量/张			
安全边际额			
目标利润	—	—	
实现目标利润销售额			
实现目标利润业务量/张			

任务 3.8 敏感系数计算

知识目标

能够根据敏感因素变动情况计算敏感系数。

能力目标

能够运用敏感指标能进行敏感性分析。

德育目标

从敏感性分析中引申出“牵一发而动全身”的理念，提高学生的思辨能力。

理论链接

1. 敏感性分析概念

敏感度分析是指对影响目标实现的因素进行量化分析，以确定各因素变化对实现目标的影响及其敏感程度。

2. 敏感系数

敏感系数反映的是某一因素变动对目标值变动的影响程度，绝对值越大，该因素越敏感，其计算公式为：

某因素敏感系数=目标值变动百分比/因素值变动百分比

任务描述

根据企业 UFO 报表附表和本岗位已完成任务，完成 2023—2024 年度各因素的敏感系数计算表（见表 3-12）。带有“%”的计算结果四舍五入保留“%”前 2 位小数填列，如“3.50%”。

表 3-12　2023—2024 年度各因素的敏感系数计算表

项　目	2023 年变化率/%	2023 年敏感系数	2024 年变化率/%	2024 年敏感系数
业务量/张	7.00%		10.00%	
单价	5.00%		5.00%	

续表

项　　目	2023 年变化率/%	2023 年敏感系数	2024 年变化率/%	2024 年敏感系数
单位变动成本	−5.00%		−3.00%	
固定成本	−6.00%		−10.00%	
营业利润		1.00		1.00

说明：根据相关资料先测算的 2023 年和 2024 年营业利润变化率（其中 2023 年采用实际数，2024 年根据已完成任务的预算数进行计算），再测算各个因素的敏感系数。

任务 3.9　目标利润影响因素测算

知识目标

能够根据敏感因素变动情况及敏感系数计算出对目标利润的影响。

能力目标

能够运用敏感指标进行敏感性分析。

德育目标

机会成本无时不在、无处不在，引导培养学生善于发现，精于选择的能力以及敢于担当的精神。

理论链接

敏感性分析分为单因素敏感性分析和多因素敏感性分析。

1. 单因素敏感性分析

单因素敏感性分析是指每次只变动一个因素而其他因素保持不变时所进行的敏感性分析。

2. 多因素敏感性分析

多因素敏感性分析是指假定其他因素不变时，分析两种或两种以上不确定性因素同时变化对目标的影响程度所做的敏感性分析。

任务描述

根据本岗位已完成的任务，完成 2023 年目标利润影响因素测算表（见表 3−13）。带有“%”的计算结果四舍五入保留“%”前 2 位小数填列，如“3.50%”，其余结果四舍五入保留 2 位小数，金额单位为元。

表 3–13　2023 年目标利润影响因素测算表

项　　目	单价	单位变动成本	销量	固定成本
利润敏感度系数	1.60	−1.20	0.80	−0.50
单价变动率/%		—	—	
单位变动成本变动率/%	—		—	—
销量变动率/%	—	—		—
固定成本变动率/%	—	—	—	
利润变动率/%	20.00%	20.00%	20.00%	20.00%
目标利润/元				

说明：1. 已知利润敏感度系数和利润变动率；

2. 测算 2023 年的目标利润，其中 2024 年的目标利润根据已完成任务预测出的预计营业利润填列。

任务 3.10　经营杠杆系数测算

知识目标

理解经营杠杆概念，根据相关资料计算经营杠杆系数。

能力目标

能够运用经营杠杆系数对经营风险给出正确评价，并能够对经营风险控制提出合理建议。

德育目标

引导学生树立风险意识和安全边际意识，帮助学生提高规避风险、抵御风险的能力。

理论链接

1. 经营杠杆效应

由于固定成本的存在而导致息税前利润变动率大于销售量变动率的杠杆效应，即称为经营杠杆效应。

2. 经营风险评价

利用经营杠杆效应，企业在可能的情况下适当增加销售量，从而获得更多的盈利，获得经营杠杆利益。但我们也必须认识到，当企业销售量下降时，息税前利润会以更大幅度下降，即经营杠杆效应也会带来经营风险。

任务描述

根据企业介绍中的 UFO 报表附表、本岗位资源 7 和已完成任务，完成经营杠杆系数测算表（见表 3–14）。带有“%”的计算结果以四舍五入保留“%”前 2 位小数填列，如“3.50%”，经营风险评价以“A”或“B”填列，经营风险控制建议以“√”或“×”填列，其余结果四舍五入保留2位小数填列，金额单位为元。

资源7：经营杠杆系数计算说明

1. 经营杠杆系数（DOL）

经营杠杆系数（DOL）也称为营业杠杆系数或营业杠杆程度，是指息税前利润（EBIT）的变动率相对于产销量变动率的比，定义计算公式为：DOL=息税前利润变动率/产销量变动率＝（ΔEBIT/EBIT）/（$\Delta Q/Q$）；ΔEBIT为息税前利润变动额，ΔQ为产销量变动值。

2. 经营杠杆系数演化规则

（1）在固定成本不变的情况下，经营杠杆系数说明了销售额增长或减少所引起的营业利润增长或减少的幅度。

（2）在固定成本不变的情况下，销售额越大，经营杠杆系数越小，经营风险也就越小；反之，销售额越小，经营杠杆系数越大，经营风险也就越大。

（3）在销售额处于盈亏临界点前的阶段时，经营杠杆系数随销售额的增加而递增；在销售额处于盈亏临界点后的阶段时，经营杠杆系数随销售额的增加而递减；当销售额达到盈亏临界点时，经营杠杆系数趋近于无穷大，此时经营风险趋近于无穷大。

（4）在销售收入一定的情况下，影响经营杠杆的因素主要是固定成本和变动成本的金额。固定成本加大或变动成本变小都会引起经营杠杆系数增加。这些研究结果说明，在固定成本一定的情况下，公司应采取多种方式增加销售额，这样利润就会以经营杠杆系数的倍数增加，从而形成“正杠杆利益”。否则，一旦销售额减少时，利润会下降得更快，形成“负杠杆利益”。

表3–14　经营杠杆系数测算表

编制部门：　　　　　　　　　　　　　　　　　　　　　　　　　　　　单位：元

项　　目	2022年	2023年	2024年
息税前利润/元	694 000 000.00		
息税前利润变动率/%	—		
年销售收入	4 800 000 000.00		
销售变动率/%	—		
经营杠杆系数	—		
经营风险评价	—		
经营风险控制建议	①		
	②		
	③		
	④		

注：1. 经营杠杆系数（DOL），也称为营业杠杆系数或营业杠杆程度，是指息税前利润（EEIT）的变动率相对于产销量变动率的比。

2. 经营风险评价选择标准，“A”表示风险较大，“B”表示风险较小。

3. 经营风险控制建议判断对错，正确打“√”错误打“×”。

① 2024年要注重通过减少变动成本或加大固定成本改变经营杠杆系数，从而提高经营收益。（　　）

② 2024年要注重通过增加变动成本或减少固定成本改变经营杠杆系数，从而提高经营收益。（　　）

③ 2024年公司投资经营相对于2023年较保守谨慎。（　　）

④ 2024年公司投资经营相对于2023年面临着巨大的风险。（　　）

营运管理岗任务重难点说明及答题提示

子任务 3.1.1：

根据 2021—2023 年销售统计表计算销售量和单价三年平均变化率和题目资源中说明每年的变化率，三年平均变化率=（X_1+X_2）/2，其中 X_2 代表第 2、3 年每年的变化率。

子任务 3.1.2：

预算中的数量和单价按照子任务 3.1.1 中的 2024 年预算假设进行计算，不是按变化率进行计算。

子任务 3.2.1：

根据子任务 3.1.2 来确定 2024 年业务量和题目中的单位成本，以计算各项目的变动营业成本。注意业务量为整数。

子任务 3.2.2：

营业成本应包含子任务 3.2.1 中变动营业成本和固定营业成本两部分；注意付现营业成本应剔除非付现成本费用部分。

任务 3.3：

根据资源中销售费用预算说明进行编制，同时理解销售费用率的概念。

任务 3.4：

重点理解资源中管理费用预算说明的要求，明确各项费用的占比。

任务 3.5：

根据税金及财务费用预算说明中的要求，明确各项税收的税率及与收入、计税依据的关系。财务费用中利息收入以负数填列。

任务 3.6：

经营利润弹性预算是业务量（收入）在不同水平下的预算编制。固定营业成本不随业务量（收入）变化而改变，变动营业成本随业务量（收入）同比例变化。注意区分固定营业成本和变动营业成本。

任务 3.7：

根据前面已完成任务的结果，注意结果引用要求。整体计算是采用综合贡献边际率法来进行分析计算的，并按照经济舱与商务舱的销售收入占比进行分摊。

任务 3.8：

根据 2023—2024 年的实际利润表计算敏感系数和营业利润的变化率。

掌握敏感系数的计算公式，其公式为：

某因素敏感系数=目标值变动百分比/因素值变动百分比

任务 3.10：

掌握经营杠杆系数的计算公式，其公式为：

经营杠杆系数=息税前利润变动率/产销量变动率

项目 4
绩效管理岗

任务 4.1　公司内部环境的 SWOT 分析

绩效管理岗

知识目标

了解 SWOT 分析方法的原理；掌握 SWOT 分析方法。

能力目标

能够运用 SWOT 分析方法进行综合评估，并得出结论。

德育目标

SWOT 分析法，不仅适用于企业，对个人同样适用。通过 SWOT 分析法可以对自己优势、劣势、所处的环境进行全面、系统、准确的研究，据此认清形势，科学进行人生规划。同时，增强学生的自我学习与管理能力，问题分析与解决能力，增强学生的专业责任感。

理论链接

SWOT 分析法又称为态势分析法，是一种战略分析方法，通过对被分析对象的优势、劣势、机会和威胁等加以综合评估与分析得出结论，通过内部资源、外部环境有机结合来清晰地确定被分析对象的资源优势和缺陷，了解对象所面临的机会和挑战，从而在战略与战术两个层面上调整方法和资源，以保障被分析对象的有效实施，最终达到所要实现的目标。

任务描述

根据本岗位资源 1，运用航空公司内部环境进行归类，分别用大写字母“S”或“W”或“O”或“T”填列。航空公司内部环境的 SWOT 分析如表 4–2 所示。

资源 1：企业内部环境的 SWOT 分析介绍

SWOT 分析法是由旧金山大学的管理学教授于 20 世纪 90 年代提出来的，它是一种能够较客观而准确地分析和研究一个单位现实情况的方法。SWOT 分别代表：Strengths（优势）、Weaknesses（劣势）、Opportunities（机遇）、Threats（威胁）。SWOT 分析对应表如表 4–1 所示。

SWOT 分析已逐渐被许多企业运用到企业管理、人力资源、产品研发等各个方面。

1. 竞争优势（S）

竞争优势是指一个企业超越其竞争对手的能力，或者指公司所特有的，能提高公司竞争力的东西。例如，当两个企业处在同一市场或者说它们都有能力向同一顾客群体提供产品和服务时，如果其中一个企业有更高的盈利率或盈利潜力，那么，我们就认为这个企业比另外一个企业更具有竞争优势。竞争优势可以是以下几个方面。

● 技术技能优势：独特的生产技术，低成本生产方法，领先的革新能力，雄厚的技术实力，完善的质量控制体系，丰富的营销经验，上乘的客户服务，卓越的大规模采购技能。

● 有形资产优势：先进的生产流水线，现代化车间和设备，拥有丰富的自然资源储存，吸引人的不动产地点，充足的资金，完备的资料信息。

● 无形资产优势：优秀的品牌形象，良好的商业信用，积极进取的公司文化。

● 人力资源优势：关键领域拥有专长的职员，积极上进的职员，很强的组织学习能力，丰富的经验。

● 组织体系优势：高质量的控制体系，完善的信息管理系统，忠诚的客户群，强大的融资能力。

● 竞争能力优势：产品开发周期短，强大的经销商网络，与供应商良好的伙伴关系，对市场环境变化的灵敏反应，市场份额的领导地位。

2. 竞争劣势（W）

竞争劣势是指某种公司缺少或做得不好的东西，或指某种会使公司处于劣势的条件。可能导致内部弱势的因素如下。

● 缺乏具有竞争意义的技能技术。

● 缺乏有竞争力的有形资产、无形资产、人力资源、组织资产。

● 关键领域里的竞争能力正在丧失。

3. 公司面临的潜在机会（O）

市场机会是影响公司战略的重大因素。公司管理者应当正视每一个机会，评估每一个机会的成长和利润前景，选取那些可与公司财务和组织资源匹配，使公司获得的最大的竞争优势。

潜在的发展机会可能是以下几个方面。

● 客户群的扩大趋势或产品细分市场。

- 技能和技术向新产品新业务转移，为更大客户群服务。
- 前向或后向整合。
- 市场进入壁垒降低。
- 获得并购竞争对手的能力。
- 市场需求增长强劲，可快速扩张。
- 出现向其他地理区域扩张，扩大市场份额的机会。

4. 危及公司的外部威胁（T）

在公司的外部环境中，总是存在某些对公司的盈利能力和市场地位构成威胁的因素。公司管理者应当及时确认危及公司未来利益的威胁，做出评价并采取相应的战略行动来抵消或减轻它们所产生的影响。

公司的外部威胁可能是以下几个方面。

- 出现将进入市场的强大的新竞争对手。
- 替代品抢占公司销售额。
- 主要产品市场增长率下降。
- 汇率和外贸政策的不利变动。
- 人口特征，社会消费方式的不利变动。
- 客户或供应商的谈判能力提高。
- 市场需求减少。
- 容易受到经济萧条和业务周期的冲击。

表 4-1　SWOT 分析对应表

SWOT 分别代表：
strengths（优势）
weaknesses（劣势）
opportunities（机遇）
threats（威胁）

表 4-2　航空公司内部环境的 SWOT 分析表

因 素 解 释	所 属 类 型
国内外经济增长拉动	
加入联盟带来的机会	
资源欠整合	
人员富余且结构失衡	
规模优势	
航线网络优势	
技术优势	
其他资源优势	
天空开放带来的影响	

续表

因 素 解 释	所 属 类 型
高铁、公路竞争带来的影响	
上游带来的不利影响	
突发事件带来的不良影响	
国际航线经营效果差	
运营成本高	
国际盛会带来的机遇	
简化商务带来的机遇	

任务 4.2　平衡计分卡指标选择及考核体系建立

知识目标

掌握平衡计分卡的框架、环境及平衡计分卡指标体系，并能够将其应用到实践当中。

能力目标

能够制作平衡计分卡，构建关键指标体系，确定如何应用和解决实际问题。

德育目标

从客观公正原则引导学生树立实事求是的理念，培养学生客观公正、不偏不倚的工作态度；以平衡计分卡的内在逻辑关系，引申出“梦想”与“行动”的关系，提高学生“敢做梦”“慧行动”的创新和创业意识；以学习与成长维度在绩效管理中的作用，培养学生树立终身学习的理念。

理论链接

（1）绩效管理原则：战略导向原则、客观公正原则、规范统一原则、科学有效原则。

（2）平衡计分卡的框架：财务维度、客户维度、内部业务流程维度、学习与成长维度。

子任务 4.2.1　平衡计分卡指标体系建立

任务描述

根据绩效相关知识及本岗位资源 2、资源 3，辨析各绩效指标属于平衡计分卡的维度类别，并进行指标分类，用大写字母（A～P）填列。BSC 指标选择及考核体系建立表如表 4–5 所示。

资源 2：腾飞航空战略重点

使命、核心价值观及愿景是公司未来的理想，战略重点则是搭建理想与现实的桥梁。对于腾飞航空公司来说，需要通过分析公司的利益相关者的关注点来确定战略重点。这种方法比在战略研讨会上用投票数量多少的方式来决定战略重点的方法更客观准确，同时也可借此将平衡计分卡的维度确定下来。

腾飞航空公司最关键的利益相关者是股东、客户、员工，项目推进团队在走访了部分利益相关者后，并将他们的意见进行归纳整理，形成如下利益相关者需求分析表，如表 4–3。

表 4–3　腾飞航空公司利益相关者需求分析表

利益相关者	主要需求	重要对策	可能涉及的维度
股东	提高主营业务收入 增加利润 同股东战略的配合度 提高净资产收益率	提高货运收入比率 构筑低成本运营基础 同股东和航空公司在华东地区进行航线整合	财务类 内部运营类 学习和发展类 客户类
客户	安全 服务质量 航班正常率（商务） 票价优惠（旅游）	减少人为差错率 规范化管理 常旅客计划 推行电子客票	财务类 内部运营类 学习和发展类 客户类
员工	职业发展规划 薪资福利 关心与认可 能力素质的提升	企业文化建设 沟通渠道畅通 培训与教育 薪酬福利体系	内部运营类 学习与发展类

通过以上分析，可将腾飞航空公司的战略重点定义为以下方面。

- 提高净资产收益率，实现股东价值最大化。
- 增加利润在运力按战略目标增加的基础上，积极开辟新的航线。
- 提高飞机的利用率，夯实公司的低成本运营的基础及优势。
- 提高主营业务收入，提高航班客座率，提高航空票价的收益管理水平。
- 提高顾客满意率，提高航班正常率，实行“优质平价”的经营策略，提高服务质量。
- 建立和谐的顾客关系，通过常旅客计划，确定合理的机票回报比率。
- 形成品牌特色，提高顾客忠诚度。
- 实行规范化管理，最大限度减少人为差错率。
- 创新流程进行流程再造，在企业内部形成民主、轻松的创新氛围。
- 提高员工素质和能力水平。
- 关注员工满意率，建设良好的沟通氛围，关注员工职业生涯规划，健全多形式配合的薪酬及福利待遇体系。

资源 3：腾飞航空平衡计分卡绩效考核介绍

平衡计分卡（BSC）是一套从四个方面对公司战略管理的绩效进行财务与非财务综合评价的评分卡片，它不仅能有效克服传统的财务评估方法的滞后性、偏重短期利益和内部利益，以及忽视无形资产收益等诸多缺陷，它还是一个科学的，集公司战略管理控制与战略管理的绩效评估于一体的管理系统，其基本原理和流程简述如下。

（1）以组织的共同远景与战略为内核，运用综合与平衡的哲学思想，根据组织结构，将公司的远景与战略转化为下属各责任部门在财务（financial）、顾客（customer）、内部流程（internal processes）、创新与学习（innovation & learning）等四个方面的具体目标，并设置相应的四张计分卡。

（2）依据各责任部门分别在财务、顾客、内部流程、创新与学习等四种计量可具体操作的目标，可以设置一一对应的绩效评价指标体系，这些指标不但与公司远景及战略目标高度相关，而且是以先行（leading）与滞后（lagging）两种形式，同时兼顾和平衡公司短期和长期目标、内部与外部利益，综合反映战略管理绩效的财务与非财务信息。

（3）由各主管部门与责任部门共同商定各项指标的具体评分规则。一般是将各项指标的预算值与实际值进行比较，对应不同范围的差异率，设定不同的评分值。

以综合评分的形式，定期（通常是一个季度）考核各责任部门在财务、顾客、内部流程、创新与学习等四个方面的目标执行情况，及时反馈，适时调整战略偏差，或修正原定目标和评价指标，确保公司战略得以正确与顺利地实行。

平衡计分卡的基本框架图如图 4-1 所示。

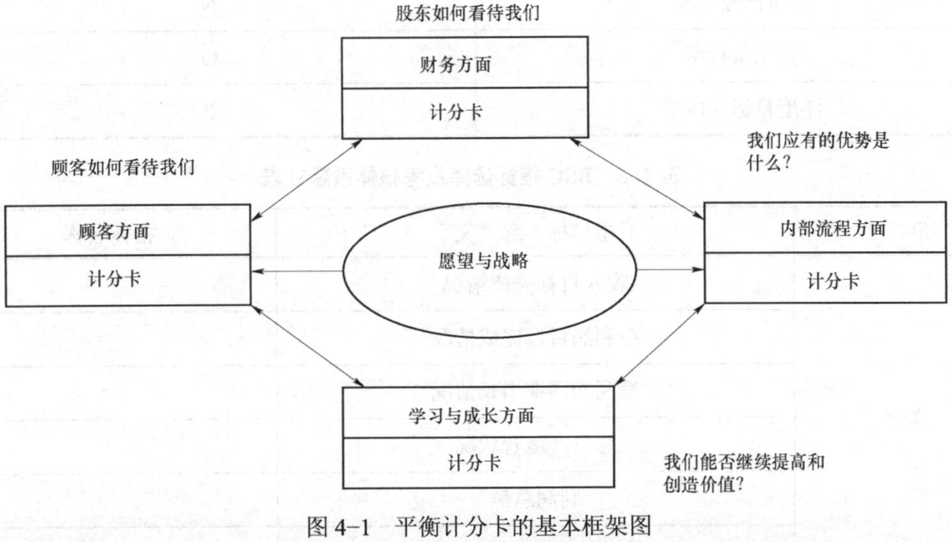

图 4-1　平衡计分卡的基本框架图

对于腾飞航空公司来说，使用平衡计分卡的根本意义不是在于“赶潮流”。平衡计分卡的宗旨是帮助腾飞航空公司的中高层就企业的使命、远景、长、中、短期目标、战略行动达成一致，并且作为一个沟通工具，使各个职能部门及其管理人员更加明确自己在企业经营发展战略中的权责，确保战略得以实施。一张设计良好的平衡计分卡如同一张由此岸（企业的现在）去往彼岸（企业的目标）的地图，各关键驱动因素之间如同链条环环相扣，战略实施一目了然。

表 4-4 平衡计分卡指标体系建立表

指 标 名 称	序 号
员工满意度	A
净利润增长率	B
业务增长率	C
总资产周转率	D
收入完成率	E
送达准时率	F
市场占有率	G
净利润完成率	H
客户满意度	I
流程优化重组创新	J
行李保管托运情况	K
税前利润	L
培训计划完成率	M
净资产收益率	N
员工保持率	O
年度目标完成率	P

表 4-5 BSC 指标选择及考核体系建立表

角 度	指 标 含 义	指标名称
财务	收入目标完成情况	
	净利润目标完成情况	
	净利润同期增长情况	
	总资产运营状况	
	利润总额	
	净资产盈利水平	
客户	业务量目标完成情况	
	业务量同期增长情况	
	客户对公司业务的认同状况	
	公司相对整个市场的竞争份额	

续表

角 度	指 标 含 义	指标名称
内部流程	旅客准点送达状况	
	行李有无丢失、错发	
	后勤部门流程再造	
学习与成长	员工稳定性状况	
	员工对公司的认同感和归属感	
	员工技能学习和业务水平提升情况	

子任务 4.2.2 平衡计分卡指标维度辨析

任务描述

根据绩效相关知识及本岗位资源 2、资源 3，辨析各绩效指标属于平衡计分卡的维度类别，并用大写字母“A”或“B”或“C”或“D”填列。平衡计分卡指标辨析表如表 4–7 所示。

表 4–6 平衡计分卡指标维度类别表

序 号	维 度
A	财务维度
B	客户维度
C	内部业务流程维度
D	学习与成长维度

表 4–7 平衡计分卡指标辨析表

序 号	战 略 重 点	所属维度（对应序号）
1	规范化管理流程	
2	员工对企业满意	
3	树立培训为本的理念	
4	满意的客户	
5	民主沟通信息畅通的氛围	
6	提高销售收入	
7	品牌的美誉度高	
8	增加股东收益	
9	增加利润	
10	顾客对企业品牌忠诚	
11	流程优化重组创新	

子任务 4.2.3 平衡计分卡指标选择及考核体系建立

任务描述

根据绩效相关知识及本岗位资源 2、资源 3，辨析各绩效指标属于平衡计分卡的维度类别，并进行指标分类，用大写字母（A～L）填列。部门层面平衡计分卡指标体系建立表如表 4–8 所示。飞行部平衡计分卡指标选择及考核体系建立表如表 4–9 表所示。

表 4–8 部门层面平衡计分卡指标体系建立表

指 标 名 称	序 号
航油消耗成本节约率	A
人均人力资源成本	B
员工满意度	C
旅客投诉次数	D
企业品牌声誉	E
全年到部门服务的次数	F
准点送达率	G
文件丢失、遗漏率	H
管理活动创新程度	I
员工流失率	J
任职资格达标率	K
培训目标达成率	L

表 4–9 飞行部平衡计分卡指标选择及考核体系建立表

角 度	指标含义	指标名称
财务	努力控制成本	
	人均人力资源成本	
客户	员工满意度	
	顾客投诉	
	主动服务	
	企业品牌影响力	
内部流程	准点送达状况	
	行李丢失、遗漏、错发情况	
	管理活动创新	

续表

角　度	指标含义	指标名称
学习与成长	员工稳定性状况	
	提高员工任职素质	
	贯彻培训为本理念	

任务 4.3　平衡计分卡指标计算

知识目标

理解关键绩效指标的概念，掌握关键指标的计算方法。

能力目标

能够对各个层面关键指标进行计算得出综合得分，并根据计算结果和评定标准确定出部门和个人奖金系数。

德育目标

绩效考核可以加强内部管理，调动员工的工作积极性强化员工的职责意识和目标导向，不断地改善和提高员工的工作质量和工作效率。通过岗位模拟实训，培养学生树立全面发展观和大局意识、公平意识。

理论链接

总资产周转率、净资产收益率、总资产净利率、应收账款周转率的计算公式如下：

总资产周转率=营业收入/平均总资产

净资产收益率=净利润/净资产平均余额

总资产净利率=净利润/总资产平均余额

应收账款周转率=赊销收入净额/应收账款平均余额

子任务 4.3.1　公司层面平衡计分卡指标计算

任务描述

根据题面注释，完成 2024 年航空公司层面平衡计分卡得分表（见表 4–10）。带有“%”的计算结果四舍五入保留“%”前 2 位小数的百分数填列，如“3.05%”。得分以正数填列，其余结果四舍五入保留 2 位小数填列。

表 4-10　2024 年航空公司层面平衡计分卡得分表

维度	指标名称	权重	实际值	目标值	得分	加权得分
财务	总资产周转率/次	10%				
	净利润/万元	10%				
	净资产收益率/%	10%				
	收入完成率/%	10%				
	净利润完成率/%	10%				
客户	客户满意度	5%	90.00%	85.00%		
	订单完成率	5%	88.00%	92.00%		
	订单增长率	5%	8.00%	4.00%		
	市场份额	5%	30.00%	20.00%		
内部流程	单位营业成本/元	5%				
	送达准时率	5%	95.00%	94.00%		
	送达准确率	5%	98.00%	96.00%		
学习与成长	培训计划完成率	5%	100.00%	98.00%		
	员工满意度	5%	95.00%	94.00%		
	员工保持率	5%	92.00%	95.00%		
加权综合得分						

*注：完成率=（本年完成情况/上年实际完成情况）×100%；单位营业成本=营业成本/总机票数量；单位营业成本得分=200−实际值/目标值×100；其余指标得分=实际值/目标值×100；加权得分=指标得分×权重。

任务 4.3.2　部门层面平衡计分卡指标计算

任务描述

根据题面注释，完成 2025 年飞行一组平衡计分卡得分表（见表 4-11）。计算结果四舍五入保留 2 位小数填列。

表 4-11　2025 年飞行一组平衡计分卡得分表

维度	指标名称	权重	目标值	实际值	得分	加权得分
财务	航油消耗成本节约率	15%	12.00%	10.00%		
	人均人力资源成本	15%	400.00	450.00		

续表

维度	指标名称	权重	目标值	实际值	得分	加权得分
客户	顾客满意度	15%	97.00%	94.00%		
	企业品牌影响力	5%	10.00%	15.00%		
	全年为旅客服务的次数	5%	25 000.00	23 000.00		
	全年收到旅客投诉的次数	5%	1 000.00	900.00		
内部流程	准点送达率	5%	97.00%	98.00%		
	行李丢失、遗漏比率	5%	2.00%	2.50%		
	管理活动创新	10%	7.00	10.00		
学习与成长	员工离职率	10%	12.00%	10.00%		
	任职资格达标率	5%	98.00%	95.00%		
	培训合格率	5%	99.00%	97.00%		
加权综合得分						

*注：
加权得分=指标得分×权重；
指标得分=实际值/目标值×100；
人均人力资源成本得分=200−实际值/目标值×100；
行李丢失、遗漏比率得分=200−实际值/目标值×100。

子任务 4.3.3　奖金系数计算

任务描述

根据题面注释和已完成任务，完成奖金系数计算表（见表 4-13）。计算结果四舍五入保留 2 位小数填列。

表 4-12　绩效得分和绩效工资系数对应表

评审分数	绩效工资系数/K
B≥98	1.30
95≤B<98	1.20
90≤B<95	1.10

表 4–13　奖金系数计算表

项　　目	飞行一组	飞行二组	飞行三组
公司得分			
公司系数			
部门得分		97.17	94.41
部门系数			
最终奖金系数			

*注：最终奖金系数=公司系数×部门系数。

子任务 4.3.4　业绩完成情况及差异性质分析

任务描述

根据 UFO 报表附表，完成业绩完成情况及差异性质分析表（见表 4–14）。带有“%”的计算结果四舍五入保留“%”前 2 位小数填列，如“3.05%”。总机票数量以整数结果填列，其余结果四舍五入保留 2 位小数填列。差异性质以“+、–、0”表示。总资产周转率为次。

表 4–14　业绩完成情况及差异性质分析表

项　　目	2024 年实际	2024 年预算	差异	差异率/%	差异性质
总机票数量/万张					
总销售收入/万元					
净利润/万元					
总资产净利率/%					
净资产收益率/%					
销售毛利率/%					
销售净利率/%					
总资产周转率/次					
资产负债率/%					
总资产增长率/%					
应收账款周转率/次					

表 4–15　差异性质表

+	有利差异
–	不利差异
0	中性差异（或无差异）

子任务 4.3.5 个人平衡计分卡指标计算

任务描述

根据题面注释，完成 2024 年业务部营销人员张民平衡计分卡得分表（表 4-16）。计算结果四舍五入保留 2 位小数填列。

表 4-16 2024 年业务部营销人员张民平衡计分卡得分表

维度	指标名称	权重	目标值	实际值	得分	加权得分
财务	净利润增长率	5%	20.00%	10.00%		
	总资产周转率	10%	8.00	4.00		
	净资产收益提高率	15%	15.00%	10.00%		
	收入完成率	10%	70.00%	60.00%		
	净利润完成率	10%	80.00%	60.00%		
客户	客户满意度	5%	90.00%	88.00%		
	订单完成率	5%	90.00%	88.00%		
	订单增长率	5%	30.00%	15.00%		
	市场份额	5%	40.00%	35.00%		
内部流程	单位营业成本	5%	500.00	450.00		
	送达准时率	5%	98.00%	96.00%		
	送达准确率	5%	99.00%	97.00%		
学习与成长	培训计划完成率	5%	100.00%	98.00%		
	员工满意度	5%	95.00%	97.00%		
	员工保持率	5%	95.00%	94.00%		
加权综合得分						

*注：单位营业成本得分=200−实际值/目标值×100；其余指标得分=实际值/目标值×100；加权得分=得分×权重。

子任务 4.3.6 基于平衡计分卡的营销人员奖金分配方案

任务描述

根据本岗位资源 4、题面注释和已完成任务，完成基于平衡计分卡的营销人员奖金分配方案表（见表 4-21）。带有“%”的计算结果四舍五入保留“%”前 2 位小数填列，如“3.05%”，其余结果四舍五入保留 2 位小数填列。

资源4：腾飞航空有限公司绩效考核制度

1. 绩效管理目的

（1）建立并完善绩效管理流程，通过对工作绩效产生的各个阶段的有效控制，以提高航空整体绩效管理水平，保障公司整体经营目标的有效实现。

（2）建立、完善绩效管理与绩效评估机制，促进航空各层级员工在本职工作中的积极性与创造性的有效提升。

（3）通过客观、公正地评价员工的工作成绩，肯定和体现员工的价值。

（4）建立促进组织和个人绩效改善的机制。

（5）利益分配的评判标准：根据公司的实际情况，特制定本考核制度。

2. 绩效的定义

（1）绩效是指成绩和效果，其包括个人绩效和组织团队绩效，绩效是组织期望的结果，为实现组织目标、个人目标而展现在不同层面的有效输出。

（2）绩效是指被考核人所取得的工作成果，考核员工的工作态度、工作技能和本职工作任务完成情况，包括每个岗位的岗位职责指标和公司年度任务分解到各部门及岗位的指标。

3. 绩效考核的原则

（1）自始至终应保持公平、公正、公开的透明性原则，决不允许营私舞弊。

（2）上下级垂直考核与自评相结合的原则。

（3）考核不是制造员工的差距，而是实事求是地发现员工工作中的优点和缺点，帮助员工扬长避短，起到对员工工作的改进与提升作用。

（4）定性考核与定量考核相结合原则，以规定的考核项目、确定的事实或者可靠的材料为依据。

（5）坚持责、权、利相结合的原则，即绩效评估的结果与激励、奖惩挂钩。

4. 绩效考核的组织机构、职责

1）薪酬（业绩）委员会职责

为使业绩管理规范有效运行由公司高层组成薪酬（业绩）委员会组织并领导全公司的业绩管理工作承担以下职责：

（1）负责业绩管理制度及相关实施细则的最终审批；

（2）负责公司业绩评估结果的最终审定；

（3）负责员工业绩评估申诉的最终裁决。

2）公司人力资源部职责

行政人力资源部是业绩管理工作的具体组织执行机构，其承担职责如下。

（1）对业绩管理各项工作进行组织、培训和指导。

（2）对业绩评估过程进行监督与检查。

（3）汇总统计业绩评估结果并及时上报业绩管理委员会进行审批。

（4）协调并处理各级人员关于内部投诉、业绩评估申诉的具体工作。

（5）对业绩评估工作情况进行通报对业绩评估过程中不规范行为进行纠正、指导与处罚。

（6）为员工建立业绩管理档案作为浮动工资发放、薪酬调整、职务升降、职位调动、培训、奖励惩戒等的依据。

（7）对业绩管理制度提出修改建议并进行具体修订。

3）各部门负责人及各级管理者职责

各部门负责人及各级管理者是业绩管理体系的重要执行者，承担职责包括：① 负责本部门业绩管理工作的整体组织实施；② 负责所属员工的指标计算及打分评价工作；③ 负责所属员工的业绩评估结果反馈并帮助员工制订业绩改进计划；④ 协助人力资源部处理所属员工的评估申诉。

5. 考核结果的用途

考核结果的用途主要体现在以下几个方面。

（1）月度绩效工资的发放。

（2）年度效益工资的发放。

（3）薪酬层级的调整。

（4）岗位晋升及下降调整。

（5）员工培训安排。

（6）先进评比。

（7）股东资格积分。

6. 适用范围

本考核制度适用于公司通过试用期的全体正式员工。

7. 本考核制度下列人员例外

（1）月度出勤率不足85%的员工，不参加月度绩效考核（以实际出勤为准，含公假）。

（2）通过试用期后不满三个月的员工不参加年度考核。

（3）合同期未满或合同期满提出离职的员工只支付在公司期间的月度固定工资（固定工资=基础工资＋学历工资＋岗位工资＋职务工资＋技能工资＋工龄工资）。

8. 考核方法

1）考核指标的设立

（1）与公司总体任务挂钩。从公司层面考核财务层面指标。

（2）与本部门任务挂钩。考核指标根据岗位职责、工作计划、部门重点、年度目标等，绩效指标可从公司下达的考核指标库中选取，可结合工作实际情况，由上下级之间共同协商，形成绩效考核指标，报总经理审批后实施。

（3）与相关部门业绩挂钩。部门指标不是孤立的，要与上下游相关部门的业绩指标结合考虑。

（4）与个人业绩挂钩。个人指标考核时，要与个人的任务完成情况及本部门的业绩指标结合考虑。

（5）设定目标值要求与企业年度整体任务挂钩。确定岗位标准、考核指标的依据：① 企业历史数据；② 行业平均数据；③ 企业计划增长值。

（6）指标数量以不同层级，结合岗位自身职责与公司各层次目标制定，结合公司目前工作重点的方式选择考核周期内的工作重点或岗位职责中的关键性工作作为考核指标。

（7）绩效考核指标一旦确定不得轻易更改，如因工作需要更改的，需经被考核人的直接上级与办公室负责人商定，报总经理批准后方可生效。如有争议，薪酬管理委员会有最终裁决权。

2）考评程序

（1）绩效实施过程的数据记录与收集。

考核者必须建立日常绩效考核台账将绩效考核内容和关键事件进行记录，各数据来源单位必须定期向人力资源部传递或上报相关绩效考核数据，其作为绩效考核打分的依据和绩效考核结果反馈、绩效考核申诉处理的依据。

（2）绩效进程控制。

绩效考核双方每个月就绩效计划执行情况进行一次回顾与沟通，若出现重大调整计划，目标执行人须及时掌握计划执行情况，明确指出工作中的问题并提出改进建议。

① 绩效考核指标完成进度控制。绩效考核中的绩效目标执行进度落后或执行发生困难时，必须视该项问题的严重程度与影响大小按具体情况酌情处理。该问题仅属个别问题与其他工作关联度不大时，由绩效目标执行人与其直接上级管理者商定解决。该问题将影响其他岗位和部门的绩效目标的完成时，由部门负责人协调有关部门商定解决或上报航空绩效管理委员会协商解决。

② 业绩评估。绩效考核周期结束后，直接上级根据绩效目标达成状况填写绩效考核分数并对被考核者绩效考核得分进行汇总报人力资源部备案作为绩效工资发放依据。

3）绩效考核评分

业绩管理指标包括关键业绩指标和工作目标设定，其用于全面衡量被评估者的重要工作成果。

评估标准是工作目标设定的详细说明，要求明确、具体、可衡量、可实现。权重体现各业绩管理指标的影响程度及重要程度，所有业绩管理指标的权重总和为1。

目标值是业绩管理指标应达到的水平。实际完成值是业绩有效期内业绩管理指标的实际完成结果。个人综合业绩得分以“分”为单位，所表示的个人本评估期的工作结果。

（1）公司绩效得分和绩效工资系数对应表如表4–17所示。

表4–17　公司绩效得分和绩效工资系数对应表

评审分数	绩效工资系数/K
$A\geqslant 99$	1.50
$96\leqslant A<99$	1.30
$90\leqslant A<96$	1.20
$80\leqslant A<90$	1.00
$65\leqslant A<80$	0.80
$A<65$	0.00

*注：A—公司级指标得分。

（2）部门级指标完成情况评分。

部门级指标得分在结合公司级指标完成情况基础上，再考虑部门级指标完成情况。部门绩效得分与绩效工资系数对应表如表4–18所示。

表 4–18　部门绩效得分与绩效工资系数对应表

评　审　分　数	绩效工资系数/K
$B \geq 99$	1.50
$96 \leq B < 99$	1.30
$90 \leq B < 96$	1.20
$80 \leq B < 90$	1.00
$65 \leq B < 80$	0.80
$B < 65$	0.00

*注：*B*—部门级指标得分。

（3）个人绩效考核评分标准，具体如下。

① 依据个人绩效考核系数表考核，如表 4–19 所示。

表 4–19　个人绩效得分与绩效工资系数对应表

考核结果	＜50 分	50～59	60～69	70～79	80～89	90～99	100～109	＞110
绩效考核系数	0.00	0.50	0.60	0.70	0.80	0.90	1.0	1.20
等级	不合格 E	合格 D		良好 C		优秀 B		卓越 A

② 绩效调薪。根据员工年度绩效合同考核结果，按照个人绩效调薪表的规定来决定是否进行晋升调薪，如表 4–20 所示。

表 4–20　个人绩效调薪表

调薪方式	晋升一档	下调一档
具体条件二者之一	1. 年度考核成绩为 A 2. 连续两次年度考核成绩为 B	1. 年度考核成绩为 E 2. 连续两次年度考核成绩为 D
备注	1. 员工职位没有发生变更的情况下，工资档级只能升到本级的最高档 2. 考核结果连续两年为 E 者，公司予以降职、调岗、辞退处理	

4）绩效考核周期

（1）公司、部门考核周期，具体如下。

a. 公司级绩效考核周期为年度考核。

b. 部门绩效考核周期为季度考核。

（2）员工个人考核周期，具体如下。

a. 高层管理人员年度考核。

b. 员工季度考核和年度综合评价。

表 4–21　基于平衡计分卡的营销人员奖金分配方案表

姓名	指标得分	绩效考核系数	等级	支付比率/%
张民				
李华	100.00			
吴斌	92.00			
曹凯	49.00			

说明：假设在跟踪了公司全年的平衡计分卡关键绩效指标的完成情况的基础上，考核等级优秀以上，将为员工增加 10%的奖金；考核等级良好以上，每年按全额奖金发放给员工；考核等级良好以下，每年发放 85%的奖金给员工；等级考核不合格，不为员工发放奖金，并且该员工将被调离原岗位。

*注：等级的答案用字母（A～E）填写。

任务 4.4　分析报告

知识目标

能够将实际指标和预算指标进行对比，并和上年同期对比，计算得出差异和差异率。

能力目标

能够根据计算结果编制质量成本和质量绩效的分析报告。

德育目标

以系统集成原则引申出融合发展观，践行学生的集体主义观念，提高学生的自我学习能力，并推动将科技、管理、业务、财务一体化的发展理念。

理论链接

1. 管理会计报告

管理会计报告是运用管理会计方法，根据财务和业务的基础信息加工整理形成的，满足企业价值管理需要或非营利组织目标管理需要的对内报告。

2. 管理会计报告体系分类

（1）按照企业管理会计报告，使用者所处的管理层级可分为战略层管理会计报告、经营层管理会计报告和业务层管理会计报告。

（2）按照企业管理会计报告内容，可分为综合企业管理会计报告和专项企业管理会计报告。

（3）按照管理会计功能可分为管理规划报告、管理决策报告、管理控制报告和管理评价报告。

（4）按照责任中心可分为投资中心报告、利润中心报告和成本中心报告。

子任务 4.4.1 经营分析报告

任务描述

根据企业 UFO 报表附表，完成 2024 年经营分析报告（见表 4-22）。带有“%”的计算结果四舍五入保留“%”前 2 位小数填列，如“3.05%”，业务量（机票数量）以整数结果填列，其余结果四舍五入保留 2 位小数填列。

表 4-22 2024 年经营分析报告

金额单位：万元

编制部门：

业务量单位：万张

序号	项目	预算执行对比				同期实际对比		
		实际完成	全年预算	差异	差异比率/%	上年同期	增减额	增减幅度/%
1	业务量							
2	营业收入							
3	营业成本							
4	税金及附加							
6	销售费用							
7	管理费用							
8	财务费用							
9	营业利润							
10	所得税费用							
11	净利润							
12	营业成本率/%							
13	税金率/%							
14	销售费用率/%							
15	管理费用率/%							
16	营业利润率/%							

*注：业务量保留整数。

子任务 4.4.2 综合分析报告

任务描述

根据企业 UFO 报表附表，完成 2024 年综合业绩报告（见表 4-23）。带有“%”的计算结果四舍五入保留“%”前 2 位小数填列，如“3.05%”，业务量（机票数量）以整数结果填列，其余结果四舍五入保留 2 位小数填列。

表 4–23　2024 年综合业绩报告

金额单位：万元

编制部门：　　　　　　　　　　　　　　　　业务量单位：万张

序号	项　目	预算执行对比				同期实际对比		
		实际完成	全年预算	差异	差异比率/%	上年同期	增减额	增减幅度/%
1	业务量							
2	营业收入							
3	毛利润							
4	净利润							
5	毛利率/%							
6	净利率/%							
7	总资产							
8	总负债							
9	净资产							
10	资产负债率/%							
11	总资产收益率/%							
12	净资产收益率/%							

*注：业务量保留整数。

子任务 4.4.3　EVA 测算表

任务描述

根据本岗位资源 5，完成飞行一部 2025 年 EVA 测算表（见表 4–24）。以完整小数位数引用计算，带有“%”的计算结果四舍五入保留“%”前 2 位小数填列，如“3.05%”其余结果四舍五入保留 2 位小数填列。

资源 5：EVA（Economic Value Added）经济增加值的计算说明

EVA 是英文 Economic Value Added 的缩写，被译为经济增加值，指从税后净营业利润中扣除包括股权和债务的全部投入资本成本后的所得。其核心是资本投入是有成本的，企业的盈利只有高于其资本成本包括股权成本和债务成本时才会为股东创造价值。

公司每年创造的经济增加值等于税后净营业利润与全部资本成本之间的差额，其中资本成本包括债务资本的成本，也包括股本资本的成本。

从算术角度说，EVA 等于税后经营利润减去债务和股本成本，其是所有成本被扣除后的剩余收入（Residual income）。EVA 是对真正“经济”利润的评价，或者说，其是表示净营运利润与投资者用同样资本投资其他风险相近的有价证券的最低回报相比，超出或低于后者的量值。

EVA 是一种评价企业经营者有效使用资本和为股东创造价值能力，同时体现企业最终经营目标的经营业绩考核工具。

1. EVA 的运用及公式

EVA=税后营业净利润–资本总成本
=税后营业净利润–平均资本占用×加权平均资本成本率

1）会计调整

税后净营业利润（NOPAT）=营业利润＋财务费用＋当年计提的坏账准备＋当年计提的存货跌价准备＋当年计提的长短期投资减值准备＋当年提的委托贷款减值准备＋投资收益＋期货收益–EVA 税收调整

EVA 税收调整＝利润表上的所得税＋税率×（财务费用＋营业外支出–固定资产/无形资产/在建工程准备–营业外收入–补贴收入）

债务资本＝短期借款＋一年内到期长期借款＋长期借款＋应付债券

股本资本＝股东权益合计＋少数股东权益

约当股权资本＝坏账准备＋存货跌价准备＋长短期投资减值准备＋委托贷款减值准备＋固定资产（或无形资产）减值准备

计算 EVA 的资本＝债务资本＋股本资本＋约当股权资本–在建工程净值

2）资本成本率计算

加权平均资本成本=债务资本成本率×债务资本/股本资本＋债务资本×（1–税率）＋股本资本成本率×（股本资本/股本资本＋债务资本）

表 4-24 飞行一部 2025 年 EVA 测算表

项　目	飞行一组	飞行二组	飞行三组
债务资本成本（税前）	5.50%	3.50%	4.50%
债务资本成本（税后）/%			
债务资本成本比重/%			
股权资本成本/%	12.00%	16.00%	14.00%
股权资本成本比重/%	60.00%	50.00%	40.00%
加权平均资本成本/%			
调整后的净营业利润/万元	1 200.00	1 000.00	1 500.00
调整后的平均资本占用额/万元	800.00	900.00	1 000.00
经济增加值（EVA）			

说明：所得税率按 20%计算。

绩效管理岗任务—重难点说明及答题提示

任务 4.1：理解态势分析法（SWOT）的各种因素，内部因素为优势（S）、劣势（W）；外部因素为机会（O）、威胁（T）。

子任务 4.2.1、4.2.2：理解平衡计分卡的概念，了解各项指标含义，综合运用平衡计分卡的维度和指标含义解释，辨析各绩效指标。

子任务 4.3.1、4.3.2：重点掌握平衡计分卡得分的计算方法。注意题目中得分要求，如公司层面具体如下。

完成率=（本年完成情况/上年实际完成情况）×100%

单位营业成本=营业成本/总机票数量

单位营业成本得分=200−实际值/目标值×100

其余指标得分=实际值/目标值×100

加权得分=指标得分×权重

子任务 4.3.3：重点掌握奖金系数的计算方法，其公式如下。

最终奖金系数=公司系数×部门系数

子任务 4.3.4：重点根据实际资产负债表、实际利润表、预计资产负债表、预计利润表计算各项指标，其公式如下。

净资产收益率=净利润×2/（本年期初净资产＋本年期末净资产）

销售毛利率=（主营业务收入−主营业务成本）/主营业务收入×100%

销售净利率=净利润/销售收入×100%

总资产周转率（次）=营业收入净额/平均资产总额

资产负债率=总负债/总资产

应收账款周转率=赊销收入净额/[（期初应收账款＋期末应收账款）/2]

总资产增长率=本年总资产增长额/年初资产总额×100%

子任务 4.3.6：重点掌握支付比率的计算方法。

子任务 4.4.1、4.4.2：重点根据实际资产负债表，实际利润表，预计资产负债表，预计利润表计算各项指标，其计算公式为：差异=实际完成−全年预计；差异比率=差异/全年预算。

子任务 4.4.3：重点理解 EVA 的概念和计算公式，其计算公式如下。

经济增加值=税后净营业利润−平均资本占用×加权平均资本成本率

模块 2

管理会计综合实训答案及解析

项目 5
投融资管理岗任务答案及解析

任务 5.1　PEST 分析

任务描述

根据本岗位资源 1 和题面资料，运用 PEST 分析方法，将调研情况中的主要观点进行归类，分别用大写字母“P”或“E”或“S”或“T”填制答案。PEST 分析表如表 5-2 所示。

表 5-1　PEST 对应表

P	政治
E	经济
S	社会
T	技术

表 5-2　PEST 分析表

主 要 观 点	因 素
A	T
B	E
C	P
D	S
E	P
F	E
G	T
H	E

任务 5.2　设备取得方式决策

子任务 5.2.1　设备取得方式决策

任务描述

根据本岗位资源 2，完成设备取得方式决策表（见表 5-3）。以完整小数位数引用计算，折现系数计算结果四舍五入保留 4 位小数填制答案，并以填制结果进行后续计算，其余结果四舍五入保留 2 位小数填制答案。

表 5-3　设备取得方式决策表　　单位：万元

项　目	2022 年	2023 年	2024 年	2025 年	2026 年	2027 年
折现系数（结果保留 4 位小数）	—	0.9524	0.9070	0.8638	0.8227	0.7835
租赁费（负数列示）①	—	−750.00	−850.00	−950.00	−1 050.00	−1 150.00
租赁支出现值（负数列示）	−4 070.72②	—	—	—	—	—
设备购置支出（负数列示）	—	−950.00	−950.00	−950.00	−950.00	−950.00
购置设备处置变现	—	—	—	—	—	202.50③
购置支出现值（负数列示）	−4 113.03④	—	—	—	—	—
应选择设备取得方式（自购/租赁）	租赁	—	—	—	—	—

解析：

① 详见业务资料，2023—2027 年每架飞机支付的年租金分别是 150.00 万元、170.00 万元、190.00 万元、210.00 万元、230.00 万元。

② −750.00×0.9524＋（−850.00）×0.9070＋（−950.00）×0.8638＋（−1 050.00）×0.8227＋（−1 150.00）×0.7835=−4 070.72（万元）。

③ 设备入账价值：750.00×5＋300.00=4 050.00（万元）。

设备残值：4 050.00×5%=202.50（万元）。

④（−950.00）×3.5460＋（−747.50）×0.7835=−4 113.03（万元）。

子任务 5.2.2　项目经营期现金流量预测

任务描述

根据本岗位资源 2 和已完成任务，完成项目经营期现金流量预测表（见表 5-4）。以完整小数位数引用计算，计算结果四舍五入保留 2 位小数填制答案。

表 5–4　项目经营期现金流量预测表

编制单位：腾飞航空公司　　　　金额单位：万元

产品	2023 年	2024 年	2025 年	2026 年	2027 年
年税前利润	*600.00*	*800.00*	*1 000.00*	1 200.00	1 600.00
年净利润	540.00	720.00	900.00	1 080.00	1 440.00
年折旧、摊销	769.50	769.50	769.50	769.50	769.50
设备变现	—	—	—	—	202.50
年现金净流量[①]	1 309.50	1 489.50	1 669.50	1 849.50	2 412.00

解析：

① 年现金净流量=年净利润＋年折旧＋年摊销。

其中，年折旧额为：（4 050×95%）/5=769.50（万元）。

子任务 5.2.3　项目净现值计算

任务描述

根据本岗位业务资源 2 和已完成任务，完成项目净现值计算表（见表 5–5）。以完整小数位数引用计算，折现系数计算结果四舍五入保留 4 位小数填制答案，并以填制结果进行后续计算，其余结果以四舍五入保留 2 位小数填制答案。

表 5–5　项目净现值计算表　　　　金额单位：万元

项　　目	2022 年	2023 年	2024 年	2025 年	2026 年	2027 年
投资额	300.00[①]	950.00	950.00	950.00	950.00	950.00
税后净利润	0.00	540.00	720.00	900..00	1 080.00	1 440.00
折旧、摊销	0.00	769.50	769.50	769.50	769.50	769.50
变现收入	—	—	—	—	—	202.50
现金净流量（流入为正，流出为负）	–300.00	1 309.50	1 489.50	1 669.50	1 849.50	2 412.00
折现系数（结果保留 4 位小数）	1.0000	0.9524	0.9070	0.8638	0.8227	0.7835
项目净现值	3 038.61[②]					

*注：年现金净流量=年净利润＋年折旧＋年摊销＋变现收入。

解析：

① 250.00（检修费）＋50.00（培训费）＝300.00（万元）。

② 1 309.50×0.952 4＋1 489.50×0.907 0＋1 669.50×0.863 8＋1 849.50×0.822 7＋2 412.00×0.783 5–300.00–950.00×4.329 5=3 038.61（万元）。

子任务 5.2.4　经营性支出现金流量预测

任务描述

根据本岗位资源 3、营运岗位的填制结果和已完成任务，完成 2024 年经营性支出现金流量预测表（见表 5–6）。以完整小数位数引用计算，计算结果四舍五入保留 2 位小数填制答案。

表 5–6　2024 年经营性支出现金流量预测表　　金额单位：万元

支出项目	全年合计	第一季度	第二季度	第三季度	第四季度
营业成本	4 117 564 800.00	1 016 500 950.00	978 689 550.00	1 052 593 650.00	1 069 780 650.00
销售费用	377 359 488.00	94 339 872.00	94 339 872.00	94 339 872.00	94 339 872.00
管理费用	277 757 161.68	1 627 535.00	1 627 535.00	1 627 535.00	1 627 535.00
税金及附加	19 236 080.00	4 809 020.00	4 809 020.00	4 809 020.00	4 809 020.00
经营性支出现金流量	4 791 917 529.68	1 117 277 377.00	1 079 465 977.00	1 153 370 077.00	1 170 557 077.00

说明：销售费用、管理费用、税金及附加按照四季度平均分配。

解析：

经营性支出现金流量=营业成本+销售费用+管理费用+税金及附加。

子任务 5.2.5　项目支出现金流量预测

任务描述

根据本岗位资源 2、资源 3 和已完成任务，完成项目支出现金流量表（见表 5–7）。以完整小数位数引用计算，计算结果四舍五入保留 2 位小数填制答案。

表 5–7　项目支出现金流量表　　金额单位：万元

支出项目	合计	2022 年	2023 年	2024 年	2025 年	2026 年	2027 年
购买飞机	5 050.00	300.00	950.00	950.00	950.00	950.00	950.00
飞机修理	150.00	0.00	10.00	20.00	30.00	40.00	50.00
其他	140.00	0.00	0.00	0.00	60.00	80.00	0.00
合计	5 340.00	300.00	960.00	970.00	1 040.00	1 170.00	1 000.00

任务 5.3　预计财务报表的填制

子任务 5.3.1　预算期现金流量余缺测算

任务描述

根据企业 UFO 报表附表、本岗位资源 4 和已完成任务，完成 2024 年预算期现金流量余缺测算表（见表 5-8）。以完整小数位数引用计算，计算结果四舍五入保留 2 位小数填制答案。

表 5-8　2024 年预算期现金流量余缺测算表　　金额单位：万元

项　目	全年合计	第一季度	第二季度	第三季度	第四季度
期初现金余额	100 000.00	100 000.00	51 557.89	55 958.71	57 223.13
加：销售收入	587 875.20	99 316.80①	124 878.60②	208 632.60③	155 047.20
收回上年应收款项	11 000.00	5 500.00	5 500.00	0.00	0.00
合计	598 875.20	104 816.80	130 378.60	208 632.60	155 047.20
减：现金流出量	—	—	—	—	—
经营支出	479 191.75	118 508.91	114 727.77	122 118.18	123 836.88
资本支出	300.00	0.00	0.00	0.00	300.00
所得税	12 000.00	3 000.00	3 000.00	3 000.00	3 000.00
支付股利	33 000.00	8 250.00	8 250.00	8 250.00	8 250.00
合计	524 491.75	129 758.91	125 977.77	133 368.18	135 386.88
现金余缺	174 383.45	75 057.89	55 958.71	131 223.13	76 883.45
资金融通（短期贷款）	0.00	0.00	0.00	0.00	0.00
归还长期贷款本金	110 000.00	20 000.00	0.00	70 000.00	20 000.00
归还短期贷款利息	7 500.00	3 500.00	0.00	4 000.00	0.00
期末现金余额	56 883.45	51 557.89④	55 958.71	57 223.13	56 883.45

解析：

① 第一季度销售收入：124 146.00×80%=99 316.80（万元）。

② 第二季度销售收入：140 580.00×80%＋124 146.00×10%=124 878.60（万元）。

③ 第三季度销售收入：227 700.00×80%＋140 580.00×10%＋124 146.00×10%=208 632.60（万元）。

④ 期末现金余额（第一季度）：75 057.89−3 500.00=71 557.89（万元）。

71 557.89−20 000.00=51 557.89（万元）。

说明：符合“每个季末货币资金期末余额保持 50 000 万～59 000 万元”的条件。

子任务 5.3.2 融资方案指标计算及选择

任务描述

根据本岗位资源 5，完成融资方案指标计算及选择表（见表 5-9）。以完整小数位引用计算，普通股股数以整数填列，其余计算结果四舍五入保留 2 位小数填制答案。并根据普通股每股利润判断应选择哪种投资方案，以“方案一”或“方案二”填制答案。

表 5-9 融资方案指标计算及选择表 金额单位：万元

项 目	方案一	方案二
息税前利润	400.00	400.00
税前利润	350.00	400.00
税后净利	280.00	320.00
普通股股数（万股）	100.00	150.00
普通股每股利润	2.80	2.13
选择方案：方案一/方案二	方案一	

解析：

支付债券利息：500.00×10%=50.00（万元）。

方案一：税前利润=息税前利润−利息=400.00−50.00=350.00（万元）。

税后净利=350.00−（350.00×20%）=280.00（万元）。

普通股每股利润=税后净利/普通股股数=280.00/100=2.80（万元）。

方案二：税前利润=息税前利润−利息=400.00（万元）。

税后净利=400.00−（400.00×20%）=320.00（万元）。

普通股每股利润=税后净利/普通股股数=320.00/150.00=2.13（万元）。

子任务 5.3.3 预算利润表

任务描述

根据本岗位资源 4、营运管理岗位的填制结果和已完成的任务，完成 2024 年预算利润表（见表 5-10）。以完整小数位数引用计算，计算结果四舍五入保留 2 位小数填制答案。

表 5-10 2024 年预算利润表

金额单位：元

项 目	2024 年
一、营业收入	6 402 000 000.00①
减：营业成本	4 732 963 000.00②
税金及附加	19 236 080.00③
销售费用	377 359 488.00④
管理费用	294 074 361.68⑤
财务费用	73 400 000.00
资产减值损失	0.00
加：公允价值变动收益损失以“−”号填列	0.00
投资收益损失以“−”号填列	0.00
其中：对联营企业和合营企业的投资收益	0.00
资产处置收益损失以“−”号填列	0.00
其他收益	0.00
二、营业利润（亏损以“−”号填列）	904 967 070.32
加：营业外收入	0.00
减：营业外支出	0.00
三、利润总额（亏损总额以“−”号填列）	904 967 070.32
减：所得税费用（估计）	120 000 000.00
四、净利润（净亏损以“−”号填列）	784 967 070.32

解析：

① 详见营运管理岗子任务 3.1.2 销售预算表。

② 详见营运管理岗子任务 3.2.2 营业成本预算表。

③ 详见营运管理岗任务 3.5 税金预算明细表。

④ 详见营运管理岗任务 3.3 销售费用预算表。

⑤ 详见营运管理岗任务 3.4 管理费用预算表。

子任务 5.3.4 2024 年预算资产负债表

任务描述

根据本岗位资源 6、营运管理岗位的填制结果和已完成的任务，完成 2024 年预算资产负债表（见表 5-11）。以完整小数位数引用计算，计算结果四舍五入保留 2 位小数填制答案。

表 5-11　2024 年预算资产负债表

编制单位：　　　　　　　　　　　　　　　　　　　　　　　　　　单位：元

资产	2024 年初	2024 年末	负债和所有者权益（或股东权益）	2024 年初	2024 年末
流动资产：			流动负债：		
货币资金	1 000 000 000.00	56 834 470.32[①]	短期借款	550 000 000.00	550 000 000.00
以公允价值计量且其变动计入当期损益的金融资产	0.00	0.00	以公允价值计量且其变动计入当期损益的金融负债	0.00	0.00
衍生金融资产	0.00	0.00	衍生金融负债	0.00	0.00
应收票据	0.00	0.00	应付票据	500 000 000.00	515 000 000.00
应收账款	110 000 000.00	523 248 000.00[②]	应付账款	40 000 000.00	40 000 000.00
预付款项	46 000 000.00	46 000 000.00	预收款项	120 000 000.00	110 000 000.00
应收利息	0.00	0.00	应付职工薪酬	0.00	0.00
应收股利	0.00	0.00	应交税费	0.00	0.00
其他应收款	690 000 000.00	700 000 000.00	应付利息	0.00	0.00
存货	56 000 000.00	52 000 000.00	应付股利	0.00	0.00
持有待售资产	0.00	0.00	其他应付款	0.00	0.00
一年内到期的非流动资产	0.00	0.00	持有待售负债	0.00	0.00
其他流动资产	0.00	0.00	一年内到期的非流动负债	0.00	0.00
流动资产合计	1 902 000 000.00	1 890 082 470.32	其他流动负债	0.00	0.00
非流动资产：			流动负债合计	1 210 000 000.00	1 215 000 000.00
可供出售金融资产	0.00	0.00	非流动负债：		
持有至到期投资	0	0	长期借款	1 500 000 000.00	400 000 000.00[④]
长期应收款	0	0	应付债券	0	0

续表

资产	2024 年初	2024 年末	负债和所有者权益（或股东权益）	2024 年初	2024 年末
长期股权投资	0	0	其中：优先股	0	0
投资性房地产	0	0	永续债	0	0
固定资产	3 000 000 000.00	2 368 884 600.00③	长期应付款	0	0
在建工程	400 000 000.00	403 000 000.00	预计负债	0	0
工程物资	0	0	递延收益	0	0
固定资产清理	0	0	递延所得税负债	0	0
生产性生物资产	0	0	其他非流动负债	0	0
油气资产	0	0	非流动负债合计	1 500 000 000.00	400 000 000.00
无形资产	0	0	负债合计	2 710 000 000.00	1 615 000 000.00
开发支出	0	0	所有者权益（或股东权益）：		
商誉	0	0	实收资本（或股本）	600 000 000.00	600 000 000.00
长期待摊费用	2 800 000.00	2 800 000.00	其他权益工具	0	0
递延所得税资产	0	0	其中：优先股	0	0
其他非流动资产	0	0	永续债	0	0
非流动资产合计	3 402 800 000.00	2 774 684 600.00	资本公积	784 800 000.00	784 800 000.00
			减：库存股	0	0
			其他综合收益	700 000 000.00	700 000 000.00
			盈余公积	20 000 000.00	59 248 353.52⑤
			未分配利润	490 000 000.00	905 718 716.80⑥

续表

资产	2024 年初	2024 年末	负债和所有者权益（或股东权益）	2024 年初	2024 年末
			所有者权益（或股东权益）合计	2 594 800 000.00	3 049 767 070.32
资产总计	5 304 800 000.00	4 664 767 070.32	负债和所有者权益（或股东权益）总计	5 304 800 000.00	4 664 767 070.32

解析：

① 取自投融资管理岗已完成的任务：期末现金余额全年合计数。

② 取自营运管理岗子任务 3.1.3 预计销售额回款明细表——应收账款期末余额。

③ 固定资产期末余额=3 000 000 000.00＋（600 000.00−120 000.00）−463 200 000.00−152 198 200.00−16 197 200.00（元）。

（其中：463 200 000.00 以及 152 198 200.00 取自营运管理岗子任务 3.2.2 营业成本预算表；16 197 200.00 取自营运管理岗任务 3.4；120 000.00 为 2023 年 12 月行政管理中心采购并入账办公电脑价值 600 000.00 元，残值为 0，使用寿命 5 年，每年折旧 120 000.00 元）。

④ 长期借款期末余额=长期借款期初余额−长期借款本期归还的本金= 1 500 000 000.00−1 100 000 000.00=400 000 000.00（元）。

（其中：1 100 000 000.00 取自投融资管理岗子任务 1.3.4——预算资产负债表）。

⑤ 按本年净利润 5%提取盈余公积，则 2024 年应提取的盈余公积为 784 967 070.32×5%=39 248 353.52（元）。

（784 967 070.32 取自投融资管理岗已完成任务）

2024 年年末盈余公积=年初盈余公积＋本年提取的盈余公积=20 000 000.00＋39 248 353.52=59 248 353.52（元）。

⑥ 本年未分配利润增加额=本年净利润−本年提取的盈余公积−全年分配支付的股利=784 967 070.32−39 248 353.52−330 00 000.00=415 718 716.80（元）。

则 2024 年年末未分配利润=年初未分配利润＋本年未分配利润增加额=490 000 000.00＋415 718 716.80=905 718 716.80（元）。

项目 6
成本管理岗答案及解析

任务 6.1　价值链业务活动归类

子任务 6.1.1　价值链业务活动归类

任务描述

根据本岗位资源 1，完成航空公司价值链活动分析表（见表 6–2）。并用大写字母“A”或“B”填在答题区域。

表 6–1　公司价值链理论

序　　号	活　动　内　容
A	基本活动
B	支持活动

表 6–2　航空公司价值链活动分析表

活动内容	所属活动内容
人工客服	A
代理售票	A
广告	A
航材消耗	A
采购食品	B

续表

活动内容	所属活动内容
托运行李	A
空勤人员提供服务	A
客舱服务	A
航空油料消耗	A
航线餐食供应	A
飞机发动机折旧费	A
经营性租赁	A
飞行员训练	B
财务筹资决策	B
制订培训计划	B
技术研发	B
员工招聘	B

说明：请根据价值链理论进行具体分析，对所属活动内容进行支持活动和基本活动归类。

子任务 6.1.2　资源费用类型识别

任务描述

根据本岗位资源 2 和公共资源成本制度，完成资源费用类型识别表（见表 6–4），并将序号用大写字母“A”或“B”或“C”或“D”或“E”填在答题区域。

表 6–3　资源类型表

序　号	资　源　类　型
A	产量级资源
B	批别级资源
C	品种级资源
D	设施级资源
E	顾客级资源

表 6-4　资源费用类型识别表

资源名称	解　　释	资源类型序号
地勤人员工资	地面后勤人员工资及津贴	D
广告费	航空公司的广告支出	D
航材消耗件	航材消耗件的消耗开支与飞行小时成近似比	A
高价周转件摊销	高价周转件的摊销，此次航线上飞机的摊销	C
空勤人员工资	空勤人员的工资和津贴	D
电脑订座费	订票手续费	A
BSP 手续费	代理订票费用	A
客舱服务费	飞机飞行中空乘提供服务的费用	B
机场起降和停场服务费用	飞机起降后经停的费用（以起降次数收取费用）	B
航空油料消耗	航空飞行消耗的航油燃料与飞行小时成近似比	A
航线餐食供应	为旅客提供的餐饮费用	A
飞机发动机折旧费	飞机发动机的磨损及消耗	D
机务人员费用	机务人员的工资、食宿等	D
经营性租赁费	临时性的租赁费，此次航线上产生的租赁	C
旅客安检费	旅客安检中的检测费、人工费按照旅客人数收取费用	A
飞行员训练费	飞行员训练的教练费、课程培训费等	D
财务手续费	投融资过程中发生的手续费、代理费	D
保险费	飞机及发动机保险费，此次航线上产生的保险费	C
管理办公费	管理部门发生的办公费、印刷费、其他内勤开支	D
飞机及发动机大修理费	飞机发动机及附加的各级检修和技术维护发生的费用	D
航线资源使用费/次	向航空公司征收的专项基金	D

解析：

地勤人员工资、广告费、空勤人员工资、飞机发动机折旧费、机务人员费用、飞行员训练费、财务手续费属于序号 D：设施级资源——不受产量、批别、产品、服务及客户变化的影响。

航材消耗件、电脑订座费、BSP 手续费、航空油料消耗、航线餐食供应、旅客安检费属于序号 A：产量级资源——为个别产品、服务而实施的，使单位产品或服务受益的作业，其特点为作业数量与产品、服务的数量成正比。

客舱服务费、机场起降和停场服务费用属于序号B：批别级资源——为一组或一批产品或服务实施的，使该组或该批产品、服务，受益的作业，其特点为与批次数量成正比例变动。

高价周转件摊销经营性租赁费属于序号C：品种级资源——为生产销售某种产品、服务而实施的，使该种产品或服务每个单位都受益，其特点为与品种数量成正比例变动。

子任务 6.1.3 作业活动类型识别

任务描述

根据本岗位资源2和公共资源成本制度，完成作业活动类型识别表（见表6–5），并用大写字母“A”或“B”或“C”或“D”或“E”填在答题区域。

表6–5 作业活动类型识别表

作业活动	作业类型
地面服务	A
登机服务	A
后台支持	B
空中服务	B
飞机维护	C
应急保障	C
技术支持	D
管理支持	D

注：地面服务、登机服务为旅客作业；后台支持、空中服务为航班作业；飞机维护、应急保障为航线作业；技术支持、管理支持为网络作业。

解析：

地面服务、登机服务属于序号A：产量级作业——明确为某一个别旅客实施的，使单个旅客受益的作业，与旅客数量成正比例变动。

后台支持、空中服务属于序号B：批别级作业——为某一批服务（如某一航班）而实施的，使整批航班皆受益的作业。

飞机维护、应急保障属于序号C：品种级作业——航线属于种类，一个航线上会有往返的多批航班。

技术支持、管理支持属于序号D：设施级作业——不与客户数量、航班数量成同比例或反比例的变动。

任务 6.2　资源费用明细表

任务描述

根据本岗位资源 2 和资源 3，完成 2024 年 A101 航线资源费用明细表（见表 6–6）。计算结果四舍五入保留 2 位小数填列。

表 6–6　2024 年 A101 航线资源费用明细表　　单位：元

项　目	资源费用合计
航材消耗件	423 000.00①
电脑订座费	225 600.00②
BSP 手续费	141 000.00
航线餐食供应	507 600.00
旅客安检费	56 400.00
客舱服务费	1 862 000.00③
机场起降和停场服务费用	798 000.00④
航路资源使用费/次	5 720.00
航空油料消耗	3 685 500.00⑤
高价周转件摊销	263 250.00
经营性租赁费	1 579 500.00
保险费	108 490.00⑥
飞机发动机折旧费	1 053 000.00⑦
飞机及发动机大修理费	410 670.00
飞行员训练费	142 155.00
地勤人员工资	460 842.60⑧
机务人员费用	1 200 000.47
空勤人员工资	720 000.00

续表

项　目	资源费用合计
财务手续费	50 000.00
管理办公费	225 000.00⑨
广告费	1 071 000.00⑩

解析：

① 航材消耗件=15.00 元/人×（15 000.00＋132 000.00）人= 423 000.00（元）。

② 电脑订座费=8.00 元/人×（15 000.00＋132 000.00）人=225 600.00（元）

BSP 电脑订座费、航线餐食供应及旅客安检费同理可得出。

③ 客舱服务费=7 000.00 元/次×（143＋123）次=1 862 000.00（元）。

④ 机场起降和停场服务费用=3 000.00 元/次×（143＋123）次=798 000.00（元）。

⑤ 航空油料消耗=7 000.00 元/小时×（313.25＋213.25）小时=3 685 500.00（元）

高价周转件摊销同理可得，经营性租赁费从业务资源中可得。

⑥ 保险费=0.1 元/公里×（642 900.00＋442 000.00）公里=108 490.00（元）。

⑦ 飞机发动机折旧费=2 000.00 元/小时×（313.25＋213.25）小时=1 053 000.00（元）

飞机及发动机大修理费、飞行员训练费同理可得出。

⑧ 地勤人员工资=447 420.00×103%=460 842.60（元）。（其中 447 420.00 元为 2023 年地勤人员工资数）

机务人员费用、空勤人员工资、财务手续费根据业务资源计算可得。

⑨ 管理办公费=250 000.00×90%=225 000.00（元）。（其中 250 000.00 元为 2023 年管理办公费）。

⑩ 2024 年广告费为 2024 年 A101 航线预计营业收入的 3%，2024 年 A101 航线预计营业收入为：旺季旅游人数×旺季平均机票价格＋淡季旅游人数×淡季平均机票价格，代入具体数值可得 2024 年 A101 航线预计营业收入为 35 700 000.00（元），广告费=35 700 000.00×3%=1 071 000.00（元）。

任务 6.3　作业成本法

子任务 6.3.1　作业分配率计算

任务描述

根据本岗位资源 2 和已完成任务，完成作业分配率计算表（见表 6-7）。旅客人数和飞机起降次数的作业量保留整数填列，其余结果均四舍五入保留 2 位小数填列。

表 6–7　作业分配率计算表　　单位：元

成本中心	作业活动	资源费用	作业动因	资源总费用	作业量			作业分配率
					旺季	淡季	合计	
旅客作业	地面服务	地勤人员工资	飞行小时	460 842.60	313.25①	213.25②	526.50	875.29③
	登机服务	航线餐食供应	旅客人数	507 600.00	15 000.00④	13 200.00④	28 200.00	18.00⑤
		BSP 手续费		141 000.00	15 000.00	13 200.00	28 200.00	5.00
		电脑订座费		225 600.00	15 000.00	13 200.00	28 200.00	8.00
		旅客安检费		56 400.00	15 000.00	13 200.00	28 200.00	2.00
航班作业	后台支持	机务人员费用	飞行小时	1 200 000.47	313.25	213.25	526.50	2 279.20
		航空油料消耗		3 685 500.00	313.25	213.25	526.50	7 000.00
		航材消耗件		423 000.00	313.25	213.25	526.50	803.42
		高价周转件摊销		263 250.00	313.25	213.25	526.50	500.00
	空中服务	机场起降和停场服务费用	飞机起降次数	798 000.00	143.00⑥	123.00⑥	266.00	3 000.00⑦
		航路资源使用费/次		57 120.00	143.00	123.00	266.00	214.74
		客舱服务费		1 862 000.00	143.00	123.00	266.00	7 000.00

续表

成本中心	作业活动	资源费用	作业动因	资源总费用	作业量			作业分配率
					旺季	淡季	合计	
航班作业	飞机维护	空勤人员工资	飞行小时	720 000.00	313.25	213.25	526.50	1367.52
		飞机及发动机大修理费		410 670.00	313.25	213.25	526.50	780.00
		飞机发动机折旧费		1 053 000.00	313.25	213.25	526.50	2 000.00
	应急保障	经营性租赁费	飞行小时（旺季）	1 579 500.00	313.25	0.00	313.25	5 024.30
网络作业	技术支持	飞行员训练费	飞行小时	142 155.00	313.25	213.25	526.50	270.00
	管理支持	财务手续费	吨公里	50 000.00	642 900.00	442 000.00	1 084 900.00	0.05
		保险费		108 490.00	642 900.00	442 000.00	1 084 900.00	0.10
		管理办公费		225 000.00	642 900.00	442 000.00	1 084 900.00	0.21
		广告费		1 071 000.00	642 900.00	442 000.00	1 084 900.00	0.99

解析：

① 313.25 为飞行小时（旺季）。

② 213.25 为飞行小时（淡季）。

③ 作业分配率=资源总费用/作业量（淡季＋旺季）=460 842.60/526.5=875.29。

④ 15 000 为旅客人数（旺季），13 200 为旅客人数（淡季）。

⑤ 作业分配率=资源总费用/作业量（淡季＋旺季）=507 600.00/28 200.00=18.00。

后台支持作业活动同理可得。

⑥ 143 为旺季飞机起降次数，123 为淡季飞机起降次数。

⑦ 作业分配率=资源总费用/作业量（淡季＋旺季）=798 000.00/266.00=3 000.00

其他作业活动同理可得。

子任务 6.3.2 作业成本分配表（1）

任务描述

根据本岗位资源 2 和已完成任务，完成作业成本分配表（1）（见表 6-8）。旅客人数和飞机起降次数的作业量保留整数填列，其余结果均四舍五入保留 2 位小数填列。

表 6–8　作业成本分配表（1）

单位：元

成本中心	作业活动	资源费用	作业动因	作业分配率	作业量			作业成本		
					旺季	淡季	合计	旺季	淡季	合计
	地面服务	地勤人员工资	飞行小时	875.29	313.25	213.25	526.50	274 186.03①	186 656.57②	460 842.60
旅客作业	登机服务	航线餐食供应	旅客人数	18.00	15 000.00	13 200.00	28 200.00	270 000.00	237 600.00	507 600.00
		BSP 手续费		5.00	15 000.00	13 200.00	28 200.00	75 000.00	66 000.00	141 000.00
		电脑订座费		8.00	15 000.00	13 200.00	28 200.00	120 000.00	105 600.00	225 600.00
		旅客安检费		2.00	15 000.00	13 200.00	28 200.00	30 000.00	26 400.00	56 400.00
航班作业	后台支持	机务人员费用	飞行小时	2 279.20	313.25	213.25	526.50	713 960.39	486 040.08	1 200 000.47
		航空油料消耗		7 000.00	313.25	213.25	526.50	2 192 750.00	1 492 750.00	3 685 500.00
		航材消耗件		803.42	313.25	213.25	526.50	251 670.94	171 329.06	423 000.00
		高价周转件摊销		500.00	313.25	213.25	526.50	156 625.00	106 625.00	263 250.00
	空中服务	机场起降和停场服务费用	飞机起降次数	3 000.00	143.00	123.00	266.00	429000.00	369 000.00	798 000.00
		航路资源使用费/次		214.74	143.00	123.00	266.00	30 707.37	26 412.63	57 120.00
		客舱服务费		7 000.00	143.00	123.00	266.00	1 001 000.00	861 000.00	1 862 000.00

续表

成本中心	作业活动	资源费用	作业动因	作业分配率	作业量			作业成本		
					旺季	淡季	合计	旺季	淡季	合计
航线作业	飞机维护	空勤人员工资	飞行小时	1 367.52	313.25	213.25	526.50	42 8376.07	291 623.93	720 000.00
		飞机及发动机大修理费		780.00	313.25	213.25	526.50	244 335.00	166 335.00	410 670.00
		飞机发动机折旧费		2 000.00	313.25	213.25	526.50	626 500.00	426 500.00	1 053 000.00
网络作业	技术支持	飞行员训练费	飞行小时	270.00	313.25	213.25	526.50	84 577.50	57 577.50	142 155.00
	管理支持	财务手续费	吨公里	0.05	642 900.00	442 000.00	1 084 900.00	29 629.46	20 370.54	50 000.00
		保险费		0.10	642 900.00	442 000.00	1 084 900.00	64 290.00	44 200.00	108 490.00
		管理办公费		0.21	642 900.00	442 000.00	1 084 900.00	133 332.57	91 667.43	225 000.00
		广告费		0.99	642 900.00	442 000.00	1 084 900.00	634 663.01	436 336.99	1 071 000.00

解析：

① 地勤人员工资作业成本（旺季）=作业分配率×作业量（旺季）=875.29×313.25=274 186.03（元）。

② 地勤人员工资作业成本（淡季）=作业分配率×作业量（淡季）=875.29×213.25=186 656.57（元）。

航线餐食供应、BSP手续费、电脑订座费、旅客安检费、机务人员费用、航空油料消耗等费用同理可得，计算过程略。

子任务 6.3.3　作业成本分配（2）

任务描述

根据本岗位资源 2 和已完成任务，完成作业成本分配表（2）（见表 6–9）。旅客人数和飞机起降次数的作业量保留整数填列，其余结果均四舍五入保留 2 位小数填列。

表 6–9　作业成本分配表（2）

单位：元

成本中心	作业活动	作业动因	资源总费用	作业量			作业分配率	作业成本	
				旺季	淡季	合计		旺季	淡季
旅客作业	地面服务	飞行小时	460 842.60	313.25	213.25	526.50	875.29	274 186.03①	186 656.57
	登机服务	旅客人数	930 600.00	15 000.00	13 200.00	28 200.00	33.00	495 000.00②	435 600.00
航班作业	后台支持	飞行小时	5 571 750.47	313.25	213.25	526.50	10 582.62	3 315 006.33	2 256 744.14
	空中服务	飞机起降次数	2 717 120.00	143.00	123.00	266.00	10 214.74	1 460 707.37	1 256 412.63
航线作业	飞机维护	飞行小时	2 183 670.00	313.25	213.25	526.50	4 147.52	1 299 211.07	884 458.93
	应急保障	飞行小时（旺季）	1 579 500.00	313.25	0.00	313.25	5 042.30	1 579 500.00	0.00
网络作业	技术支持	飞行小时	142 155.00	313.25	213.25	526.50	270.00	84 577.50	57 577.50
	管理支持	吨公里	1 454 490.00	642 900.00	442 000.00	1 084 900.00	1.34	861 915.03	592 574.97

解析：

① 将资源总费用按淡季和旺季进行分配：

地面服务的作业成本（旺季）=作业分配率×作业量（旺季）=875.29×313.25=274 186.03（元）；

或地面服务的作业成本（旺季）=资源总费用×作业量（旺季）/总作业量=460 842.60×313.25/（313.25+213.25）=274 186.03（元）（淡季的作业成本同理可得）。

② 登机服务的作业成本（旺季）=资源总费用×作业量（旺季）/总作业量=930 600.00×15 000.00/28 200.00=495 000.00（元）（淡季的作业成本同理可得）。

其他成本中心的作业成本（旺季/淡季）同理可得，解题步骤略。

子任务 6.3.4 单位作业成本计算

任务描述

根据已完成任务，完成单位作业成本计算表（见表 6–10）。计算结果四舍五入保留 2 位小数填列。

表 6–10 单位作业成本计算表

单位：元

作业中心	旺季	淡季	合计
飞行起降次数	143.00	123.00	266.00
旅客人数	15 000.00	13 200.00	28 200.00
旅客作业成本	769 186.03①	622 256.57	1 391 442.60②
航班作业成本	4 775 713.70	3 513 156.77	8 288 870.47
航线作业成本	2 878 711.07	884 458.93	3 763 170.00
网络作业成本	946 492.53	650 152.47	1 596 645.00
成本合计	9 370 103.34	5 670 024.74	15 040 128.07
单次起降成本	65 525.20	46 097.76	56 541.83
单位旅客成本	624.67	429.55	533.34

解析：

① 旅客作业成本（旺季）：旅客作业中地面服务的资源总费用（旺季）＋旅客作业中登机服务的资源总费用（旺季）=274 186.03＋495 000.00=769 186.03（元），其中旅客作业中地面服务的资源总费用（旺季）和旅客作业中登机服务的资源总费用（旺季）来自于表 6–9 作业成本分配表（2），淡季数值同理可得，略。

② 旅客作业成本：旅客作业中地面服务的资源总费用＋旅客作业中登机服务的资源总费用=460 842.60＋930 600.00=1 391 442.60（元），其中旅客作业中地面服务的资源总费用、旅客作业中登机服务的资源总费用来自于表 6–9 作业成本分配表（2）。

任务 6.4 预计损益表、预计成本表

子任务 6.4.1 航线预计损益表（作业成本法）

任务描述

根据本岗位资源 2、资源 3、题面注释和已完成任务，完成 2024 年 A101 航线预计损益表（作业成本法）（见表 6–11）。机票数量四舍五入保留整数填列，其余计算结果四舍五

入保留 2 位小数填列。

表 6-11　2024 年 A101 航线预计损益表（作业成本法）　　单位：元

项　　目	旺　　季	淡　　季
主营业务收入①	22 500 000.00	13 200 000.00
机票数量	15 000	13 200
机票价格	1 500.00	1 000.00
营业总成本⑪	9 370 103.34	5 670 024.74
营业成本	8 258 407.96②	4 960 630.12③
销售费用	870 000.00④	567 600.00⑤
管理费用	210 182.77⑥	123 307.23⑦
财务费用	31 512.61⑧	18 487.39⑨
税金及附加	1 125 000.00⑩	660 000.00
营业利润	12 004 896.66	6 869 975.26

*注：机票数量为旅客人数；税金及附加按收入的 5%进行估算。

解析：

① 主营业务收入=机票数量×机票价格。

② 营业成本（旺季）=营业总成本（旺季）−销售费用−管理费用−财务费用。

③ 营业成本（淡季）=营业总成本（旺季）−销售费用−管理费用−财务费用。

④ 根据成本管理岗位任务 2.2 资源 3，销售费用包括 BSP 手续费、电脑订座费、广告费。

BSP 手续费（旺季）=5.00×15 000=75 000.00（元）。

电脑订座费（旺季）=8.00 元/人×15 000 人=120 000.00（元）。

广告费（旺季）=广告费×主营业务收入（旺季）/［主营业务收入（旺季）+主营业务收入（淡季）］= 1 071 000.00×22 500 000.00/（22 500 000.00+13 200 000.00）=675 000.00（元）。

因此销售费用总额（旺季）为 75 000.00+120 000.00+675 000.00=870 000.00（元）。

⑤ 销售费用（淡季）同理可得，略。

⑥⑦ 根据业务资源可知管理费用为保险费和管理办公费的加总，因此管理费用总额为 333 490.00 元。

按旺季、淡季占总主营业务收入的比例对管理费用进行拆分可得，管理费用（旺季）= 333 490.00×22 500 000.00/（22 500 000.00+13 200 000.00）=210 182.77（元）；管理费用（淡季）=333 490.00×13 200 000.00/（22 500 000.00+13 200 000.00）=123 307.23（元）。

⑧⑨ 根据业务资源，财务费用为财务手续费 50 000.00 元，按旺季、淡季主营业务收入占总主营业务收入的比例对财务费用进行拆分可得。

⑩ 税金及附加按收入的 5%计算，则税金及附加（旺季）为 22 500 000.00×5%= 1 125 000.00（元），税金及附加（淡季）为 13 200 000.00×5%=660 000.00（元）。

子任务 6.4.2 航线预计成本表（完全成本法）

任务描述

根据本岗位资源 2、资源 3 和已完成任务，完成 2024 年 A101 航线预计成本表（完全成本法）（见表 6–12）。以旅客人数为分配标准进行各项分配。计算结果四舍五入保留 2 位小数填列。

表 6–12 2024 年 A101 航线预计成本表（完全成本法） 单位：元

项 目	资源费用合计	分配率	成本费用		合计
			旺季	淡季	
航材消耗件	423 000.00	15.00	225 000.00	198 000.00	423 000.00
电脑订座费	225 600.00	8.00	120 000.00	105 600.00	225 600.00
BSP 手续费	141 000.00	5.00	75 000.00	66 000.00	141 000.00
航线餐食供应	507 600.00	18.00	270 000.00	237 600.00	507 600.00
旅客安检费	56 400.00	2.00	30 000.00	26 400.00	56 400.00
客舱服务费	1 862 000.00	66.03	990 425.53	871 574.47	1 862 000.00
机场起降和停场服务费用	798 000.00	28.30	424 468.09	373 531.91	798 000.00
航路资源使用费/次	57 120.00	2.03	30 382.98	26 737.02	57 120.00
航空油料消耗	3 685 500.00	130.69	1 960 372.34	1 725 127.66	3 685 500.00
高价周转件摊销	263 250.00	9.34	140 026.60	123 223.40	263 250.00
经营性租赁费（旺季）	1 579 500.00	105.30	1 579 500.00	0.00	1 579 500.00
保险费	108 490.00	3.85	57 707.45	50 782.55	108 490.00
飞机发动机折旧费	1 053 000.00	37.34	560 106.38	492 893.62	1 053 000.00
飞机及发动机大修理费	410 670.00	14.56	218 441.49	192 228.51	410 670.00
飞行员训练费	142 155.00	5.04	75 614.36	66 540.64	142 155.00
地勤人员工资	460 842.60	16.34	245 129.04	215 713.56	460 842.60
机务人员费用	1 200 000.47	42.55	638 298.12	561 702.35	1 200 000.47
空勤人员工资	720 000.00	25.53	382 978.73	337 021.28	720 000.00
财务手续费	50 000.00	1.77	26 595.74	23 404.26	50 000.00
管理办公费	225 000.00	7.98	119 680.85	105 319.15	22 000.00
广告费	1 071 000.00	37.98	569 680.85	501 319.15	1 071 000.00

子任务 6.4.3　航线预计损益表

任务描述

根据本岗位资源 2、资源 3 和已完成任务，完成 2024 年 A101 航线预计损益表（完全成本法）（见表 6–13）。机票数量以四舍五入保留整数填列，其余计算结果四舍五入保留 2 位小数填列。

表 6–13　2024 年 A101 航线预计损益表（完全成本法）　　单位：元

项　目	旺　季	淡　季
主营业务收入	22 500 000.00	13 200 000.00
机票数量	15 000	13 200
机票价格	1 500.00	1 000.00
营业总成本①	8 739 408.55	6 300 719.52
营业成本	7 770 743.66	5 448 294.42
销售费用	764 680.85②	672 919.15
管理费用	177 388.30③	156 101.70
财务费用	26 595.74	23 404.26
税金及附加	1 125 000.00	660 000.00
营业利润	12 635 591.45	6 239 280.48

*注：机票数量为旅客人数；税金及附加按收入的 5%进行估算。

解析：

① 营业总成本可由 2024 年 A101 航线资源明细表——资源费用合计进行加总得出。

② 销售费用由电脑订座费、BSP 手续费、广告费加总可得，共计 1 437 600.00（元）。

旺季的销售费用按机票数量淡季和旺季占比进行分配=1 437 600.00×15 000/（15 000+13 200）= 764 680.85（元）。

③ 管理费用由保险费、管理办公费加总可得，共计 333 490.00（元）。

旺季的管理费用按机票数量淡季和旺季占比进行分配=333 490.00×15 000/（15 000+13 200）= 177 388.30（元）。

子任务 6.4.4　盈利差异分析

任务描述

根据本岗位已完成任务，完成盈利差异分析表（见表 6–14）。带有“%”的项目四舍五入保留“%”前 2 位小数填制答案，如：3.50%，其余计算结果四舍五入保留 2 位小数填列。

表 6-14　盈利差异分析表

金额单位：元

项　目	旺　季				淡　季			
	完全成本法	作业成本法	差异	差异率/%	完全成本法	作业成本法	差异	差异率/%
营业总成本	8 739 408.55	9 370 103.34	−630 694.79	−6.73%	6 300 719.52	5 670 024.74	630 694.79	11.12%
营业成本	7 770 743.66	8 313 188.30	−542 444.65	−6.53%	5 448 294.42	4 905 849.77	542 444.65	11.06%
管理费用	177 388.30	197 622.57	−20 234.27	−10.24%	156 101.70	135 867.43	20 234.27	14.89%
销售费用	764 680.85	829 663.01	−64 982.16	−7.83%	672 919.15	607 936.99	64 982.16	10.69%
财务费用	26 595.74	29 629.46	−3 033.71	−10.24%	23 404.26	20 370.54	3 033.71	14.89%
营业利润	12 635 591.45	12 004 896.66	630 694.79	5.25%	6 239 280.48	6 869 975.26	−630 694.79	−9.18%
营业利润率/%	56.16%	53.36%	2.80%	5.25%	47.27%	52.05%	−4.78%	−9.18%

*注：差异为完全成本法与作业成本法的差。

解析：

差异率=差异额/作业成本法成本费用额。

项目 7
营运管理岗答案及解析

任务 7.1　销售预算编制

子任务 7.1.1　销售预算—预算假设

根据企业 UFO 报表附表和本岗位资源 1，完成销售变动情况分析及预算假设表（见表 7–1）。带有“%”的项目四舍五入保留“%”前 2 位小数填制答案，如：3.50%。

表 7–1　销售变动情况分析及预算假设表

项　　目	产品类型	平均变化率/%	2024 年预算假设/%
经济舱旅客	销售量	16.67%①	20.00%
	单价	8.86%	10.00%
商务舱旅客	销售量	−13.30%	−10.00%
	单价	16.67%	10.00%

解析：

经济舱销售量平均变化率=（0＋33.33%）/2=16.67%。

其中，2024 年销售量变化率=（3 000 000.00–3 000 000.00）/3 000 000.00=0。

2023 年销售量变化率=（4 000 000.00–3 000 000.00）/3 000 000.00=33.33%。

经济舱单价平均变化率的计算同上，略。

商务舱销售量平均变化率、单价平均变化率计算同上，略。

子任务 7.1.2　销售预算—收入预算

任务描述

根据企业 UFO 报表附表和本岗位资源 1，完成 2024 年销售预算表（见表 7–2）。机票数量的结果四舍五入保留整数填列，其余计算结果四舍五入保留 2 位小数填列，金额单位为元。

表 7–2　2024 年销售预算表

编制部门：　　　　　　　　　　　　　　　　　　　　　　　　单位金额：元

项　目		合计	第一季度	第二季度	第三季度	第四季度
经济舱旅客	收入	5 808 000 000.00	1 188 000 000.00③	1 188 000 000.00	1 980 000 000.00	145 200 000 000.00
	机票数量	4 800 000	1 200 000①	1 080 000	1 200 000	1 320 000
	单价	1 210.00	990.00②	1 100.00	1 650.00	1 100.00
商务舱旅客	收入	594 000 000.00	53 460 000.00	217 800 000.00	297 000 000.00	25 740 000.00
	机票数量	270 000	45 000	99 000	108 000	18 000
	单价	2 200.00	1 188.00	2 200.00	2 50.00	1 430.00
合计	收入	6 402 000 000.00	1 241 460 000.00	1 405 800 000.00	2 277 000 000.00	1 477 740 000.00
	机票数量	5 070 000	1 245 000	1 179 000	1 308 000	1 338 000

解析：

① 经济舱旅客第一季度的机票数量=1 000 000×（1＋20%）=1 200 000。

第二季度、第三季度、第四季度计算同上，略。

② 经济舱第一季度的单价=900.00×（1＋10%）=990.00（元）。

③ 经济舱第一季度的收入=机票数量×单价=990.00×1 200 000=1 188 000 000.00（元）。

商务舱旅客机票数量、单价、收入计算同经济舱算法，略。

子任务 7.1.3　销售回款预算表

任务描述

根据本岗位资源 1 和已完成任务，完成 2024 年预计销售额回款明细表（见表 7–3）。计算结果四舍五入保留 2 位小数填列，金额单位为元。

表 7-3　2024 年预计销售额回款明细表

编制部门：　　单位金额：元

项　目	2024 年期初应收账款部分		本期销售收入				回款合计
	期初数	2024 年回款	第一季度	第二季度	第三季度	第四季度	
应收账款	110 000 000.00	—	—	—	—	—	—
收入	—	—	1 241 460 000.00	1 405 800 000.00	2 277 000 000.00	1 477 740 000.00	—
第一季度回款	—	55 000 000.00	993 168 000.00①	0.00	0.00	0.00	1 048 168 000.00
第二季度回款	—	55 000 000.00	124 146 000.00②	1 124 640 000.00	0.00	0.00	1 303 786 000.00
第三季度回款	—	0.00	124 146 000.00③	140 580 000.00	1 821 600 000.00	0.00	2 086 326 000.00
第四季度回款	—	0.00	0.00④	140 580 000.00	227 700 000.00	1 182 192 000.00	1 550 472 000.00
回款合计	—	110 000 000.00	1 241 460 000.00	1 405 800 000.00	2 049 300 000.00	1 182 192 000.00	5 988 752 000.00
应收账款期末余额	—	—	—	—	—	—	523 248 000.00

解析：2024 年预计销售额回款明细表

第一季度收入：

① 第一季度回款 1 241 460 000.00×80%=993 168 000.00（元）；

② 第二季度回款 1 241 460 000.00×10%=124 146 000.00（元）；

③ 第三季度回款 1 241 460 000.00×10%=124 146 000.00（元）；

④ 第四季度回款 0.00（元）。

任务 7.2　成本预算编制

子任务 7.2.1　成本预算—变动成本预算表

任务描述

根据本岗位资源 2 和已完成任务，完成 2024 年变动营业成本预算表（见表 7–4）。业务量单位为机票张数结果四舍五入保留整数填列，其余计算结果四舍五入保留 2 位小数填列，金额单位为元。

表 7–4　2024 年变动营业成本预算表

编制部门：　　　　　　　　　　　　　　　　　　　　　　　　　　　　金额单位：元

项目	2024 年业务量	旅客作业		航线作业		航班作业	
		单位成本	成本	单位成本	成本	单位成本	成本
餐食供应费	5 070 000①	50.50	256 035 000.00②	0.00	0.00	0.00	0.00
机场起降服务费		0.00	0.00	0.00	0.00	49.35	250 204 500.00③
空勤及飞行人员工资		0.00	0.00	8.05	40 813 500.00	0.00	0.00
航空油料费		0.00	0.00	0.00	0.00	394.00	1 997 580 000.00⑤
航空耗材件消耗		0.00	0.00	0.00	0.00	56.80	287 976 000.00⑥
机组人员食宿		0.00	0.00	0.00	0.00	14.20	71 994 000.00⑦
合计		—	256 035 000.00	—	40 813 500.00④	—	2 607 754 500.00
变动营业成本							2 904 603 000.00

解析：

① 2024 年业务量=经济舱业务量＋商务舱业务量=4 800 000＋270 000=5 070 000。

② 餐食供应费中旅客作业的成本=5 070 000×50.50=256 035 000.00（元）。

③ 机场起降服务费中航班作业的成本=5 070 000×49.35=250 204 500.00（元）。

④ 空勤及飞行人员工资=5 070 000×8.05=40 813 500.00（元）。

⑤ 航空油料费中航班作业的成本=5 070 000×394.00=1 997 580 000.00（元）。

⑥ 航空耗材件消耗中航班作业的成本=56.80×5 070 000=287 976 000.00（元）。

⑦ 机组人员食宿中航班作业的成本=14.20×5 070 000=71 994 000.00（元）。

子任务 7.2.2　营业成本预算明细表

任务描述

根据本岗位资源 2 和已完成任务，完成 2024 年营业成本预算表（见表 7–5）。计算结果四舍五入保留 2 位小数填列，金额单位为元。

表 7–5　2024 年营业成本预算表

编制部门：　　　　　　　　　　　　　　　　　　　　　　　　金额单位：元

主要业务	成本项目	全年合计	第一季度	第二季度	第三季度	第四季度
旅客作业	餐食供应费	256 035 000.00	62 872 500.00①	59 539 500.00	66 054 000.00	67 569 000.00
	成本小计	256 035 000.00	62 872 500.00	59 539 500.00	66 054 000.00	67 569 000.00
支援发送作业	机场起降服务费	250 204 500.00	61 440 750.00②	58 183 650.00	64 549 800.00	66 030 300.00
	航务费	85 981 800.00	21 495 450.00	21 495 450.00	21 495 450.00	21 495 450.00
	航路使用费	45 120 000.00	11 280 000.00	11 280 000.00	11 280 000.00	11 280 000.00
	飞机及发动机大修理	217 860 000.00	54 465 000.00	54 465 000.00	54 465 000.00	54 465 000.00
	飞机及发动机折旧	463 200 000.00	115 800 000.00	115 800 000.00	115 800 000.00	115 800 000.00
	高价周转件折旧	152 198 200.00	38 049 550.00	38 049 550.00	38 049 550.00	38 049 550.00
	经营性租赁租金	864 000 000.00	216 000 000.00	216 000 000.00	216 000 000.00	216 000 000.00
	空勤及飞行人员工资	40 813 500.00	10 022 250.00	9 490 950.00	10 529 400.00	10 770 900.00
	成本小计	2 119 378 000.00	528 553 000.00	524 764 600.00	532 169 200.00	533 891 200.00
飞行作业	航空油料费	1 997 580 000.00	490 530 000.00	464 526 000.00	515 352 000.00	527 172 000.00
	航空耗材件消耗	287 976 000.00	70 716 000.00	66 967 200.00	74 294 400.00	75 998 400.00
	机组人员食宿	71 994 000.00	17 679 000.00	16 741 800.00	18 573 600.00	18 999 600.00
	成本小计	2 357 550 000.00	578 925 000.00	548 235 000.00	608 220 000.00	622 170 000.00
—	营业成本合计	4 732 963 000.00	1 170 350 500.00	1 132 539 100.00	1 206 443 200.00	1 223 630 200.00
—	付现营业成本（现金支出）	4 117 564 800.00③	1 016 500 950.00	978 689 550.00	1 052 593 650.00	1 069 780 650.00

解析：

2024 年营业成本预算表：

各季度变动营业成本按业务量比例分配，固定营业成本按季度平均分配。

① 餐食供应费第一季度的营业变动成本=256 035 000.00×1 245 000/5 070 000=62 872 500.00（元）。

② 机场起降服务费第一季度的分配额=250 204 500.00×1 245 000/5 070 000=61 440 750.00（元）。

③ 付现营业成本（现金支出）=营业成本合计−飞机及发动机折旧−高价周转件折旧=4 732 963 000.00−463 200 000.00−152 198 200.00=4 117 564 800.00（元）。

任务 7.3　销售费用预算

任务描述

根据企业介绍的 UFO 报表附表、本岗位资源 3 和已完成任务，完成 2024 年销售费用预算表（见表 7–6）。计算结果四舍五入保留 2 位小数填列，金额单位为元。

表 7–6　2024 年销售费用预算表

编制部门：　　　　单位：元

项　　目	2023 年实际	2024 年预算
BSP 手续费	39 720 000.00	50 857 488.00①
电脑订座费	100 000 000.00	128 040 000.00②
广告费	100 000 000.00	128 040 000.00③
营销内勤人员工资	55 000 000.00	70 422 000.00④
合计	294 720 000.00	377 359 488.00

解析：

2023 年实际数来源于企业 UFO 报表附表，2024 年预算：

① 2024 年 BSP 手续费=39 720 000.00/5 000 000 000.00×6 402 000 000.00=50 857 488.00（元）；

② 2024 年电脑订座费=100 000 000.00/5 000 000 000.00×6 402 000 000.00= 128 040 000.00（元）；

③ 2024 年广告费=100 000 000.00/5 000 000 000.00×6 402 000 000.00=128 040 000.00（元）；

④ 2024 年营销内勤人员工资=55 000 000.00/5 000 000 000.00×6 402 000 000.00=70 422 000.00（元）。

任务 7.4　管理费用预算

任务描述

根据企业介绍 UFO 报表附表、本岗位资源 4 和已完成任务，完成 2024 年管理费用预算表（见表 7–7）。计算结果四舍五入保留 2 位小数填列，金额单位为元。

表 7–7　2024 年管理费用预算表

编制部门：　　　　　　　　　　　　　　　　　　　　　　　　　　　　　　　单位：元

项　目	2023 年实际数	按收入占比计算的部分	2024 年项目增减部分	合计
人工支出	40 493 000.00①	51 847 237.20⑧	7 200 000.00⑫	59 047 237.20
租赁费	16 197 200.00②	20 738 894.88⑨	0.00	20 738 894.88
特业人员培训	40 979 000.00③	52 469 511.60⑩	0.00	52 469 511.60
后勤其他费用	107 945 000.00④	138 212 778.00⑪	0.00	138 212 778.00
办公费	8 098 600.00	—	−809 860.00⑭	7 288 740.00⑬
折旧费	16 197 200.00⑤	—	120 000.00⑮	16 317 200.00
管理费用合计	229 910 000.00⑥	—	6 510 140.00	294 074 361.68
付现管理费用	213 712 800.00⑦	—	—	277 757 161.68

解析：

2023 年实际数：

① 人工支出=80 986 000.00×50%=40 493 000.00（元）。

② 租赁费=80 986 000.00×20%=16 197 200.00（元）。

③ 特业人员培训费=40 979 000.00 元（来源于企业 UFO 报表）。

④ 后勤其他费用=107 945 000.00 元（来源于企业 UFO 报表）。

⑤ 折旧费=80 986 000.00×20%=16 197 200.00（元）。

⑥ 管理费用合计=人工支出＋租赁费＋特业人员培训＋后勤其他费用＋办公费＋折旧。

⑦ 付现管理费用=229 910 000.00−16 197 200.00=213 712 800.00（元）。

按收入占比计算部分：

⑧ 人工支出=40 493 000.00/5 000 000 000.00×6 402 000 000.00=51 847 237.20（元）。

⑨ 租赁费=16 197 200.00/5 000 000 000.00×6 402 000 000.00=20 738 894.88（元）。

⑩ 特业人员培训=40 979 000.00/6 402 000 000.00=52 469 511.60（元）。

⑪ 后勤其他费用=107 945 000.00/5 000 000 000.00×6 402 000 000=138 212 778.00（元）。

2024 年项目增减部分：

⑫ 人工支出=6 000.00×100×12=7 200 000.00（元）。

⑬ 合计办公费=8 098 600.00×90%=7 288 740.00（元）。

⑭ 办公费=−8 098 600.00×10%=−809 860.00（元）。

⑮ 折旧费=600 000.00/5=120 000.00（元）。

任务 7.5　税金及财务费用预算

任务描述

根据本岗位资源 5 和已完成任务，完成 2024 年税金预算明细表（见表 7–8）及 2024 年财务费用预算明细表（见表 7–9）。计算结果四舍五入保留 2 位小数填列，金额单位为元。

表 7-8　2024 年税金预算明细表

编制部门：　　　　　　　　　　　　　　　　　　　　　　　　　　　　　单位：元

序号	项　　目	2023 年实际	2024 年预算
1	收入	5 000 000 000.00	6 402 000 000.00
2	增值税	134 916 667.00	160 050 000.00[①]
3	城市维护建设税	9 444 167.00	11 203 500.00[②]
4	教育费附加	4 047 500.00	4 801 500.00[③]
5	地方教育附加	2 698 333.00	3 201 000.00[④]
6	印花税	35 000.00	30 080.00[⑤]
7	税金及附加合计	151 141 667.00	179 286 080.00[⑥]

表 7-9　2024 年财务费用预算明细表

编制部门：　　　　　　　　　　　　　　　　　　　　　　　　　　　　　单位：元

序号	项　　目	2023 年实际	2024 年预算
1	利息收入	−50 920 000.00	−42 000 000.00[⑦]
2	利息支出	100 000 000.00	110 000 000.00[⑧]
3	手续费及其他	6 000 000.00	5 400 000.00
4	合计	55 080 000.00	73 400 000.00

解析：

2024 年税金预算明细表：

① 增值税=6 402 000 000.00×2.5%=160 050 000.00（元）；

② 城市维护建设税=160 050 000.00×7%=11 203 500.00（元）；

③ 教育费附加=160 050 000.00×3%=4 801 500.00（元）；

④ 地方教育附加=160 050 000.00×2%=3 201 000.00（元）；

⑤ 印花税=30 080.00（元）；

⑥ 税金及附加合计=160 050 000.00＋11 203 500.00＋4 801 500.00＋3 201 000.00＋30 080.00=179 286 080.00（元）。

2024 年财务费用预算明细表：

⑦ 利息收入=−1 200 000 000.00×3.5%=−420 000 000.00（元）；

⑧ 利息支出=2 000 000 000.00×5.5%=110 000 000.00（元）。

经营利润弹性预算表：

弹性区间：80%～120%。

任务 7.6　经营利润弹性预算

任务描述

根据本岗已完成任务、题面资源和题面注释，完成经营利润弹性预算表（见表 7–10）。计算结果四舍五入保留 2 位小数填列，金额单位为元。

表 7–10　经营利润弹性预算表

编制部门：　　　　　　　　　　　　　　　　　　　　　　　　　　　　单位：元

项　　目		2024 年预算（80%）	2024 年预算（100%）	2024 年预算（120%）
营业收入	经济舱收入	4 646 400 000.00	5 808 000 000.00	6 969 600 000.00
	商务舱收入	475 200 000.00	594 000 000.00	712 800 000.00
	营业收入合计	5 121 600 000.00	6 402 000 000.00	7 682 400 000.00
营业成本	变动营业成本	2 323 682 400.00	2 904 603 000.00	3 485 523 600.00
	固定营业成本	1 828 360 000.00	1 828 360 000.00	1 828 360 000.00
	营业成本合计	4 152 042 400.00	4 732 963 000.00	5 313 883 600.00
税金及附加	税金及附加	19 236 080.00	19 236 080.00	19 236 080.00
销售费用	变动销售费用	245 549 990.40	306 937 488.00	368 324 985.60
	固定销售费用	70 422 000.00	70 422 000.00	70 422 000.00
	销售费用合计	315 971 990.40	377 359 488.00	438 746 985.60
管理费用	管理费用	294 074 361.68	294 074 361.68	294 074 361.68
财务费用	财务费用	73 400 000.00	73 400 000.00	73 400 000.00
营业利润	营业利润	266 875 167.92	904 967 070.32	1 43 58 972.72

*注：税金及附加、管理费用、财务费用均以前面任务预算值为准，其中固定销售费用视为固定费用不随销售收入变化。

解析：根据前面已完成任务数据填表即可。

任务 7.7　本量利分析

任务描述

根据本岗位资源 6 和已完成任务，完成本量利分析表（见表 7–11）。业务量、安全边际量结果四舍五入保留整数填列；保本销售量、实现目标利润的销售量计算结果向上取整填列，如“4.12”向上取整为“5”；带有“%”的计算结果四舍五入保留“%”前2位小数填列，如“3.50%”。其余结果四舍五入保留2位小数。

表7–11　本量利分析表

编制部门：　　　　　　　　　　　　　　　　　　　　　　　　单位：元

项　　目	经济舱旅客	商务舱旅客	整体
业务量/张	4 800 000.00	270 000.00	5 070 000.00
销售收入总额	5 808 000 000.00	594 000 000.00	6 402 000 000.00
收入占比/%	90.72%①	9.28%②	100.00%
变动成本合计	2 652 555 041.65④	271 284 038.35	2 923 839 080.00
变动营业成本	2 635 103 752.58	269 499 247.42	2 904 603 000.00
税金及附加	17 451 289.07⑤	1 784 790.93	19 236 080.00
边际贡献率/%	54.33%③	54.33%	54.33%
固定费用合计	2 334 443 904.86	238 749 944.82	2 573 193 849.68
固定营业成本总额	1 658 718 350.52⑥	169 641 649.48	1 828 360 000.00
期间费用总额	675 725 554.35⑦	69 108 295.33	744 833 849.68
保本销售额	4 296 842 562.12⑧	439 449 807.49	4 736 292 369.60
保本销售量/张	355 1110.00⑨	199 750.00	3 750 860.00
安全边际量/张	1 248 890.00⑩	70 250.00	1 319 140.00
安全边际额	1 511 157 437.88	154 550 192.51	1 665 707 630.40
目标利润	—	—	1 000 000 000.00
实现目标利润销售额	5 966 690 546.03⑪	610 229 714.94	6 576 920 260.97
实现目标利润业务量/张	4 931 150.00⑫	277 378.00	5 208 527.00

解析：

① 经济舱旅客收入占比=5 808 000 000.00/6 402 000 000.00=90.72%。

② 商务舱旅客收入占比=594 000 000.00/6 402 000 000.00=9.28%。

③ 经济舱边际贡献率=边际贡献/销售收入=（销售收入–变动成本合计）/销售收入=（5 808 000 000.00–2 652 555 041.65）/5 808 000 000.00=54.33%。

保本销售额=固定成本/边际贡献率。

保本销售量（张）=固定成本/（单价–单位变动成本）。

安全边际量（张）=实际（或预计）业务量–保本业务量。

安全边际额=实际（或预计）销售额–保本销售额。

④ 经济舱变动成本合计=变动营业成本+税金及附加。

其中：变动营业成本=2 904 603 000.00×5 808 000 000.00/6 402 000 000.00=2 635 103 752.58（元）。

⑤ 税金及附加=19 236 080.00×5 808 000 000.00/6 402 000 000.00=17 451 289.07（元）。

⑥ 固定营业成本总额=1 828 360 000.00×5 808 000 000.00/6 402 000 000.00=1 658 718 350.52（元）。

⑦ 期间费用总额=744 833 849.68×5 808 000 000.00/6 402 000 000.00=675 725 554.35（元）。

⑧ 保本销售额=固定成本/边际贡献率=2 334 443 904.86/54.33%=4 296 842 562.12（元）。

⑨ 保本销售量（张）=4 296 842 562.12/1 210.00=3 551 110.00（元）。

⑩ 安全边际量（张）=4 800 000.00−3 551 110.00=1 248 890.00（元）。

⑪ 实现目标利润销售额=（固定成本＋目标利润）/边际贡献率=（2 334 443 904.86＋1 000 000 000.00×90.72%）/54.33%=5 966 90 546.03（元）。

⑫ 实现目标利润业务量（张）=5 966 690 546.03/1 210.00=4 931 150（向上取整）。

商务舱各项指标计算同经济舱，略。

任务 7.8　敏感系数计算

任务描述

根据企业 UFO 报表附表和已完成任务，完成 2023—2024 年度各因素的敏感系数计算表（见表 7–12）。带有“%”的计算结果四舍五入保留“%”前两位小数填列，如“3.50%”。

表 7–12　2023—2024 年度各因素的敏感系数计算表

项　目	2023 年变化率/%	2023 年敏感系数	2024 年变化率/%	2024 年敏感系数
业务量/张	7.00%	1.89[②]	10.00%	3.06[⑦]
单价	5.00%	2.64[③]	5.00%	6.13[⑧]
单位变动成本	−5.00%	−2.64[④]	−3.00%	−10.21[⑨]
固定成本	−6.00%	−2.20[⑤]	−10.00%	−3.06[⑩]
营业利润	13.20%[①]	1.00	30.64%[⑥]	1.00

说明：

根据相关资料先测算 2023 年和 2024 年的营业利润变化率（其中 2023 年采用实际数，2024 年根据已完成任务的预算数进行计算），再测算各个因素的敏感系数。

解析：

某因素敏感系数=目标值变动百分比/因素值变动百分比。

① 2023 年营业利润的变化率=（692 730 000.00−611 950 000.00）/611 950 000.00=13.20%。

2023 年敏感系数测算如下。

② 业务量（张）的敏感系数=13.20%/7%=1.89。

③ 单价因素的敏感系数=13.20%/5%=2.64。

④ 单位变动成本的敏感系数=13.20%/（−5%）=−2.64。

⑤ 固定成本的敏感系数=13.20%/（−6%）=−2.20。

⑥ 2024 年营业利润的变化率=（904 967 070.32−692 730 000.00）/692 730 000.00=30.64%。

2024 年敏感系数测算如下。

⑦ 业务量因素的敏感系数=30.64%/10%=3.06。

⑧ 单价因素的敏感系数=30.64%/5%=6.13。
⑨ 单位变动成本因素的敏感系数=30.64%/（-3%）=-10.21。
⑩ 固定成本变动的敏感系数=30.64%/（-10%）=-3.06。

任务 7.9　目标利润影响因素测算

任务描述

根据已完成的任务，完成 2023 年目标利润影响因素测算表（见表 7-13）。带有“%”的计算结果四舍五入保留“%”前两位小数填列，如“3.50%”，其余结果四舍五入保留 2 位小数，金额单位为元。

表 7-13　2023 年目标利润影响因素测算表　　金额单位：元

项目	单价	单位变动成本	销量	固定成本
利润敏感度系数	1.60	-1.20	0.80	-0.50
单价变动率/%	12.50%①	—	—	—
单位变动成本变动率/%	—	-16.67%②	—	—
销量变动率/%	—	—	25.00%③	—
固定成本变动率/%	—	—	—	-40.00%④
利润变动率/%	20.00%	20.00%	20.00%	20.00%
目标利润/元	1 085 960 484.36⑤			

说明：1. 已知利润敏感度系数和利润变动率；2. 预测 2023 年的目标利润，其中 2024 年利润根据已完成任务预测出的预计营业利润填列。

解析：

2023 年目标利润及影响因素测算如下。
① 单价变动率=利润变动率/利润敏感系数=20%/1.60=12.50%。
② 单位变动成本变动率=20%/（-1.20%）=-16.67%。
③ 销量变动率=20%/0.80=25.00%。
④ 固定成本变动率=20%/（-0.50）=-40.00%。
⑤ 2023 年目标利润=904 967 070.32×（1+20%）=1 085 960 484.36（元）。

任务 7.10　经营杠杆系数测算

任务描述

根据企业 UFO 报表附表、本岗位资源 7 和已完成任务，完成经营杠杆系数测算表（见

表 7-14)。带有“%”的计算结果四舍五入保留“%”前两位小数填列，如“3.50%”，经营风险评价以“A”或“B”填列，经营风险控制建议以“√”或“×”填列，其余结果四舍五入保留两位小数填列，金额单位为元。

表 7-14　经营杠杆系数测算表

编制部门:　　　　　　　　　　　　　　　　　　　　　　　　　　　　金额单位：元

项目	2022 年	2023 年	2024 年
息税前利润/元	694 000 000.00	792 730 000.00①	1 014 967 070.32⑦
息税前利润变动率/%	—	14.23%②	28.03%⑧
年销售收入	4 800 000 000.00	5 000 000 000.00③	6 402 000 000.00⑨
销售变动率/%	—	4.17%④	28.04%⑩
经营杠杆系数	—	3.41⑤	1.00⑪
经营风险评价	—	A⑥	B⑫
经营风险控制建议	①	√	
	②	×	
	③	√	
	④	×	

解析：

2023 年：经营杠杆系数=息税前利润变动率/产销量变动率。

① 2023 年息税前利润=税前利润＋利息支出=692 730 000.00＋100 000 000.00=792 730 000.00（元）；

② 2023 年息税前利润变动率=（792 730 000.00−694 000 000.00）/694 000 000.00=14.23%；

③ 2023 年销售收入=5 000 000 000.00（元）（来源于企业 UFO 表）；

④ 销售变动率=（5 000 000 000.00−4 800 000 000.00）/4 800 000 000.00=4.17%；

⑤ 经营杠杆系数=息税前利润变动率/销售变动率=14.23%/4.17%=3.41；

⑥ 经营风险评价为 A（风险大）。

2024 年：

⑦ 息税前利润=904 967 070.32＋110 000 000.00=1 014 967 070.32（元）；

⑧ 息税前利润变动率=（1 014 967 070.32−792 730 000.00）/792 730 000.00=28.03%；

⑨ 销售收入=6 402 000 000.00（取自 2021 年销售预算）；

⑩ 销售变动率=（6 402 000 000.00−5 000 000 000.00）/5 000 000 000.00=28.04%；

⑪ 经营杠杆系数=28.03%/28.04%=1；

⑫ 经营风险评价为 B（风险小）。

项目 8
绩效管理岗答案及解析

任务 8.1 公司内部环境的 SWOT 分析

任务描述

根据本岗位资源 1，运用 SWOT 分析对应表，将航空公司内部环境进行归类，分别用大写字母“S”或“W”或“O”或“T”填列，航空公司内部环境的 SWOT 分析表如表 8–2 所示。

表 8–1 SWOT 分析对应表

SWOT 分别代表：
strengths（优势）
weaknesses（劣势）
opportunities（机遇）
threats（威胁）

表 8–2 航空公司内部环境的 SWOT 分析表

因素解释	所属类型
国内外经济增长拉动	O
加入联盟带来的机会	O
资源欠整合	W
人员富余且结构失衡	T
规模优势	S

续表

因　素　解　释	所　属　类　型
航线网络优势	S
技术优势	S
其他资源优势	S
天空开放带来的影响	T
高铁、公路竞争带来的影响	T
上游带来的不利影响	T
突发事件带来的不良影响	T
国际航线经营效果差	W
运营成本高	W
国际盛会带来的机遇	O
简化商务带来的机遇	O

说明：根据企业信息资源，经分析进行分类填列即可。

任务 8.2　平衡计分卡指标选择及考核体系建立

子任务 8.2.1　平衡计分卡指标体系建立

任务描述

根据绩效相关知识及本岗位资源 2、资源 3，辨析各绩效指标属于平衡计分卡的维度类别，并进行指标分类，用大写字母（A～P）填列。BSC 指标选择及考核体系建立表如表 8–4 所示。

表 8–3　平衡计分卡指标体系建立表

指　标　名　称	序　　号
员工满意度	A
净利润增长率	B
业务增长率	C
总资产周转率	D
收入完成率	E
送达准时率	F
市场占有率	G
净利润完成率	H

续表

指 标 名 称	序 号
客户满意度	I
流程优化重组创新	J
行李保管托运情况	K
税前利润	L
培训计划完成率	M
净资产收益率	N
员工保持率	O
年度目标完成率	P

表 8–4 BSC 指标选择及考核体系建立表

角 度	指 标 含 义	指标名称
财务	收入目标完成情况	E
	净利润目标完成情况	H
	净利润同期增长情况	B
	总资产运营状况	D
	利润总额	L
	净资产盈利水平	N
客户	业务量目标完成情况	P
	业务量同期增长情况	C
	客户对公司业务的认同状况	I
	公司相对整个市场的竞争份额	G
内部流程	旅客准点送达状况	F
	行李有无丢失、错发	K
	后勤部门流程再造	J
学习与成长	员工稳定性状况	O
	员工对公司的认同感和归属感	A
	员工技能学习和业务水平提升情况	M

子任务 8.2.2 平衡计分卡指标维度辨析

任务描述

根据绩效相关知识及本岗位资源 2、资源 3，辨析各绩效指标属于平衡计分卡的维度类别，并用大写字母“A”或“B”或“C”或“D”填列。平衡计分卡指标辨析表如表 8–6 所示。

表 8–5　平衡计分卡指标维度类别

序　号	维　　度
A	财务维度
B	客户维度
C	内部业务流程维度
D	学习与成长维度

表 8–6　平衡计分卡指标辨析表

序　号	战　略　重　点	所属维度（对应序号）
1	规范化管理流程	C
2	员工对企业满意	D
3	树立培训为本的理念	D
4	满意的客户	B
5	民主沟通信息畅通的氛围	D
6	提高销售收入	A
7	品牌的美誉度高	B
8	增加股东收益	A
9	增加利润	A
10	顾客对企业品牌忠诚	B
11	流程优化重组创新	C

子任务 8.2.3　平衡计分卡指标选择及考核体系建立

任务描述

根据绩效相关知识及本岗位资源 2、资源 3，辨析各绩效指标属于平衡计分卡的维度类别，并进行指标分类，用大写字母（A～L）填列，指标名称和对应序号。部门层面平衡计分卡指标体系建立表如表 8–7 所示。飞行部平衡计分卡指标选择及考核体系建立表如表 8–8 所示。

表 8–7　部门层面平衡计分卡指标体系建立表

指　标　名　称	序　　号
航油消耗成本节约率	A
人均人力资源成本	B
员工满意度	C

续表

指 标 名 称	序 号
旅客投诉次数	D
企业品牌声誉	E
全年到部门服务的次数	F
准点送达率	G
文件丢失、遗漏比率	H
管理活动创新程度	I
员工流失率	J
任职资格达标率	K
培训目标达成率	L

表 8-8 飞行部平衡计分卡指标选择及考核体系建立表

角 度	指 标 含 义	指标名称
财务	努力控制成本	A
	人均人力资源成本	B
客户	员工满意度	C
	顾客投诉	D
	主动服务	F
	企业品牌影响力	E
内部流程	准点送达状况	G
	行李丢失、遗漏、错发情况	H
	管理活动创新	I
学习与成长	员工稳定性状况	J
	提高员工任职素质	K
	贯彻培训为本理念	L

任务 8.3 平衡计分卡指标计算

子任务 8.3.1 公司层面平衡计分卡指标计算

任务描述

根据题面注释，完成 2024 年航空公司层面平衡计分卡得分表（见表 8-9）。带有“%”

的计算结果四舍五入保留“%”前 2 位小数填列，如“3.05%”，得分以正数填列，其余结果四舍五入保留 2 位小数填列。

表 8–9　2024 年航空公司层面平衡计分卡得分表

维度	指标名称	权重	实际值	目标值	得分	加权得分
财务	总资产周转率/次	10%	0.94①	0.83⑥	112.66	11.27
	净利润/万元	10%	55 418.40	48 276.56	114.79	11.48
	净资产收益率/%	10%	22.88%②	20.76%	110.25	11.02
	收入完成率/%	10%	104.17%③	93.75%⑦	111.11	11.11
	净利润完成率/%	10%	113.20%④	98.61%⑧	114.79	11.48
客户	客户满意度	5%	90.00%	85.00%	105.88	5.29
	订单完成率	5%	88.00%	92.00%	95.65	4.78
	订单增长率	5%	8.00%	4.00%	200.00	10.00
	市场份额	5%	30.00%	20.00%	150.00	7.50
内部流程	单位营业成本/元	5%	863.11⑤	824.75⑨	95.35	95.35
	送达准时率	5%	95.00%	94.00%	101.06	5.05
	送达准确率	5%	98.00%	96.00%	102.08	5.10
学习与成长	培训计划完成率	5%	100.00%	98.00%	102.04	5.10
	员工满意度	5%	95.00%	94.00%	101.06	5.05
	员工保持率	5%	92.00%	95.00%	96.84	4.84
加权综合得分					113.86	

*注：完成率=（本年完成情况/上年实际完成情况）×100%。

解析：

① 0.94＝营业收入/总资产平均余额=50 000 000 000.00/[（5 372 600 000.00＋5 304 800 000.00）/2]。

② 22.88%=净利润/资产平均值=55 418.40.00/[（224 900.00＋259 480.00）/2]。

③ 104.17%=5 000 000 000.00/4 800 000 000.00。

④ 113.20%=554 184 000.00/489 560 000.00。

⑤ 863.11=营业成本/总机票数量=3 711 370 000.00/4 300 000.00。

⑥ 0.83=4 500 000 000.00/[（5 578 400 000.00=5 453 500 000.00）/2]。

⑦ 93.75%=2024 年预计值/2023 年实际值=4 500 000 000.00/4 800 000 000.00。

⑧ 98.61%=482 765 600.00/489 560 000.00。

⑨ 824.75=3 340 233 000.00/4 050 000.00。

得分：单位营业成本得分=200−实际值/目标值×100。

其余指标得分=实际值/目标值×100。

加权得分=指标得分×权重。

子任务 8.3.2 部门层面平衡计分卡指标计算

任务描述

根据题面注释，完成 2025 年飞行一组平衡计分卡得分表（见表 8-10）。计算结果四舍五入保留 2 位小数填列。

表 8-10 2025 年飞行一组平衡计分卡得分表

维度	指标名称	权重	目标值	实际值	得分	加权得分
财务	航油消耗成本节约率	15%	12.00%	10.00%	83.33	12.50
	人均人力资源成本	15%	400.00	450.00	87.50	13.13
客户	顾客满意度	15%	97.00%	94.00%	96.91	14.54
	企业品牌影响力	5%	10.00%	15.00%	150.00	7.50
	全年为旅客服务的次数	5%	25000.00	23000.00	92.00	4.60
	全年收到旅客投诉的次数	5%	1000.00	900.00	90.00	4.50
内部流程	准点送达率	5%	97.00%	98.00%	101.03	5.05
	行李丢失、遗漏比率	5%	2.00%	2.50%	75.00	3.75
	管理活动创新	10%	7.00	10.00	142.86	14.29
学习与成长	员工离职率	10%	12.00%	10.00%	83.33	8.33
	任职资格达标率	5%	98.00%	95.00%	96.94	4.85
	培训合格率	5%	99.00%	97.00%	97.98	4.90
加权综合得分			97.93			

*注：加权得分=指标得分×权重；指标得分=实际值/目标值×100；人均人力资源成本得分=200-实际值/目标值×100；行李丢失、遗漏比率得分=200-实际值/目标值×100。

子任务 8.3.3 奖金系数计算

任务描述

根据题面注释和已完成任务，完成奖金系数计算表（见表 8-11）。计算结果四舍五入保留 2 位小数填列。

表 8-11 绩效得分和绩效工资系数对应表

评审分数	绩效工资系数/K
B≥98	1.30
95≤B＜98	1.20
90≤B＜95	1.10

表 8–12　奖金系数计算表

项　目	飞行一组	飞行二组	飞行三组
公司得分	113.86		
公司系数	1.30		
部门得分	97.93	97.17	94.41
部门系数	1.20	1.20	1.10
最终奖金系数	1.56①	1.56②	1.43③

*注：最终奖金系数=公司系数×部门系数。

解析：

① 1.56=1.30×1.20；

② 1.56=1.30×1.20；

③ 1.43=1.30×1.10。

子任务 8.3.4　业绩完成情况及差异性质分析

任务描述

根据企业 UFO 报表附表，完成业绩完成情况及差异性质分析表（见表 8–13）。带有“%”的计算结果四舍五入保留“%”前 2 位小数填列，如“3.05%”，总机票数量以整数结果填列，其余结果四舍五入保留 2 位小数填列。差异性质以“＋、–、0”表示。总资产周转率为次。

表 8–13　业绩完成情况及差异性质分析表

项　目	2024 年实际	2024 年预算	差异	差异率/%	差异性质
总机票数量/万张	430	405	25①	6.17%②	＋
总销售收入/万元	500 000.00	450 000.00	50 000.00③	11.11%④	＋
净利润/万元	55 418.40	480 276.56	7 141.84⑤	14.79%⑥	＋
总资产净利率/%	10.38%	8.92%	1.46%⑦	16.39%⑧	＋
净资产收益率/%	22.88%	20.76%	2.12%⑨	10.21%⑩	＋
销售毛利率/%	25.77%	25.77%	0.00%⑪	0.00%⑫	0
销售净利率/%	11.08%	10.73%	0.35%⑬	3.26%⑭	＋
总资产周转率/次	0.94	0.83	0.11⑮	13.25%⑯	＋

续表

项　目	2024 年实际	2024 年预算	差异	差异率/%	差异性质
资产负债率/%	51.09%	55.94%	−4.85%⑰	−8.67%⑱	+
总资产增长率/%	−1.26%	1.51%	−2.77%⑲	−183.44%⑳	−
应收账款周转率/次	43.38	40.72	2.66㉑	6.53%㉒	+

表 8-14　差异性质对照表

+	有利差异
−	不利差异
0	中性差异（或无差异）

解析：

① 25=430−405。

② 6.17%=25/405。

③ 50 000.00=500 000.00−450 000.00。

④ 11.11%=50 000.00/450 000.00。

⑤ 7 141.84=55 418.40−48 276.56。

⑥ 14.79%=7 141.80/480 276.56。

⑦ 1.46%=10.38%−8.92%。

⑧ 16.39%=1.46%/8.92%。

⑨ 2.12%=22.88%−20.76%。

⑩ 10.21%=2.12%/20.76%。

⑪ 0.00%=25.77%−25.77%。

⑫ 差异率=0.00%。

⑬ 0.35%=11.08%−10.73%。

⑭ 3.26%=0.35%/10.73%。

⑮ 0.11=0.94−0.83。

⑯ 13.25%=0.11/0.83。

⑰ −4.85%=51.09%−55.94%。

⑱ −8.67%=−4.85%/55.94%。

⑲ −2.77%=−1.26%−1.51%。

⑳ −183.44%=−2.77%/1.51%。

㉑ 2.66=43.38−40.72。

㉒ 6.53%=2.66/40.72。

子任务 8.3.5　个人平衡计分卡指标计算

任务描述

根据题面注释，完成 2024 年业务部营销人员张民平衡计分卡得分表（见表 8-15）。计算结果四舍五入保留 2 位小数填列。

表 8-15　2024 年业务部营销人员张民平衡计分卡得分表

维度	指标名称	权重	目标值	实际值	得分	加权得分
财务	净利润增长率	5%	20.00%	10.00%	50.00①	2.50②
	总资产周转率	10%	8.00	4.00	50.00③	5.00④
	净资产收益提高率	15%	15.00%	10.00%	66.67⑤	10.00⑥
	收入完成率	10%	70.00%	60.00%	85.71⑦	8.57⑧
	净利润完成率	10%	80.00%	60.00%	75.00⑨	7.50⑩
客户	客户满意度	5%	90.00%	88.00%	97.78⑪	4.89⑫
	订单完成率	5%	90.00%	88.00%	97.78⑬	4.89⑭
	订单增长率	5%	30.00%	15.00%	50.00⑮	2.50⑯
	市场份额	5%	40.00%	35.00%	87.50⑰	4.38⑱
内部流程	单位营业成本	5%	500.00	450.00	110.00⑲	5.50⑳
	送达准时率	5%	98.00%	96.00%	97.96㉑	4.90㉒
	送达准确率	5%	99.00%	97.00%	97.98㉓	4.90㉔
学习与成长	培训计划完成率	5%	100.00%	98.00%	98.00㉕	4.90㉖
	员工满意度	5%	95.00%	97.00%	102.11㉗	5.11㉘
	员工保持率	5%	95.00%	94.00%	98.95㉙	4.95㉚
加权综合得分			80.49㉛			

*注：
单位营业成本得分=200-实际值/目标值×100；
其余指标得分=实际值/目标值×100；
加权得分=得分×权重。

解析：

① 50.00=10.00%/20%×100。

② 2.50=5%×50.00。

③ 50.00=4.00/8.00×100。

④ 5.00=50.00×10%。

⑤ 66.67=10%/5%×100。

⑥ 10.00=66.67×15%。

⑦ 85.71=60.00%/70.00%×100。

⑧ 8.57=85.71×10%。

⑨ 75.00=60.00%/80.00%×100。

⑩ 7.50=75.00×10%。

⑪ 97.78=88.00%/90.00%×100。

⑫ 4.89=97.78×5%。

⑬ 97.78=88%/90.00%×100。

⑭ 4.89=97.78×5%。

⑮ 50.00=15%/30.00%×100。

⑯ 2.50=50×5%。

⑰ 87.50=35.00%/40.00%×100。

⑱ 4.38=87.50×5%。

⑲ 110.00=200−450.00/500.00×100。

⑳ 5.50=110.00×5%。

㉑ 97.96=96.00%/98.00%×100。

㉒ 4.90=7.96×5%。

㉓ 97.98=97.00%/99.00×100。

㉔ 4.90=97.98×5%。

㉕ 98.00=98.00%/100%×100。

㉖ 4.90=98×5%。

㉗ 102.11=97.00%/95.00×100。

㉘ 5.11=102.11×5%。

㉙ 98.95=94.00%/95.00%×100。

㉚ 4.95=98.95×5%。

㉛ 80.49=2.50+5.00+10.00+8.57+7.50+4.89+4.89+2.50+4.38+5.50+4.90+4.90+4.90+5.11+4.95。

子任务 8.3.6 基于平衡计分卡的营销人员奖金分配方案

任务描述

根据本岗位资源 4、题面注释和已完成任务，完成基于平衡计分卡的营销人员奖金分配方案表（见表 8-16）。带有“%”的计算结果四舍五入保留“%”前 2 位小数填列，如“3.05%”，其余结果四舍五入保留 2 位小数填列。

表 8-16　基于平衡计分卡的营销人员奖金分配方案表

姓　名	指标得分	绩效考核系数	考核等级	支付比率/%
张民	80.49	0.80	C	100.00%
李华	100.00	1.00	B	110.00%
吴斌	92.00	0.90	B	110.00%
曹凯	49.00	0.00	E	0.00%

说明：假设在跟踪了公司全年的平衡计分卡关键绩效指标的完成情况的基础上，考核等级 B 级以上，将为员工增加 10%的奖金；考核等级 C 级以上，每年按全额奖金发放给员工；考核等级 C 级以下，每年发放 85%的奖金给员工；E 级等级为考核不合格，不为员工发放奖金，并且该员工将被调离原岗位。

*注：等级的答案用字母（A～E）填写。

任务 8.4　分析报告

子任务 8.4.1　经营分析报告

任务描述

根据 UFO 报表附表，完成 2024 年经营分析报告（见表 8-17）。带有“%”的计算结果四舍五入保留“%”前 2 位小数填列，如“3.05%”，业务量（机票数量）以整数结果填列，其余结果四舍五入保留 2 位小数填列。

表 8-17　2024 年经营分析报告　　金额单位：万元

编制部门：业务量　　单位：万张

序号	项目	预算执行对比				同期实际对比		
		实际完成	全年预算	差异	差异比率/%	上年同期	增减额	增减幅度/%
1	业务量	430.00	405.00	25.00①	6.17%②	333.00	97.00③	29.13%④
2	营业收入	500 000.00	450 000.00	50 000.00⑤	11.11%⑥	480 000.00	20 000.00⑦	4.17%⑧
3	营业成本	371 137.00	334 023.30	37 113.70⑨	11.11%⑩	353 755.00	17 382.00⑪	4.91%⑫
4	税金及附加	1 619.00	1 457.10	161.90⑬	11.11%⑭	1 552.00	67.00⑮	4.32%⑯
6	销售费用	29 472.00	27 524.80	1 947.20⑰	7.07%⑱	30 136.00	−664.00⑲	−2.20%⑳
7	管理费用	22 991.00	21 691.90	1 299.10㉑	5.99%㉒	25 115.00	−2 124.00㉓	−8.46%㉔

续表

序号	项目	预算执行对比				同期实际对比		
		实际完成	全年预算	差异	差异比率/%	上年同期	增减额	增减幅度/%
8	财务费用	5 508.00	4 957.20	550.80㉕	11.11%㉖	8 247.00	−2 739.00㉗	−33.21%㉘
9	营业利润	69 273.00	60 345.70	8 927.30㉙	14.79%㉚	61 195.00	8 078.00㉛	13.20%㉜
10	所得税费用	13 854.60	12 069.14	1 785.46㉝	14.79%㉞	12 239.00	1 615.60㉟	13.20%㊱
11	净利润	55 418.40	48 276.56	7 141.84㊲	14.79%㊳	48 956.00	6 462.40㊴	13.20%㊵
12	营业成本率/%	74.23%㊶	74.23%㊷	0.00%㊸	0.00%	73.70%㊹	0.53%㊺	0.72%㊻
13	税金率/%	0.32%㊼	0.32%㊽	0.00%㊾	0.00%	0.32%㊿	0.00%(51)	0.14%(52)
14	销售费用率/%	5.89%(53)	6.12%(54)	−0.23%(55)	−3.76%(56)	6.28%(57)	−0.39%(58)	−6.21%(59)
15	管理费用率/%	4.60%(60)	4.82%(61)	−0.22%(62)	−4.56%(63)	5.23%(64)	−0.63%(65)	−12.06%(66)
16	营业利润率/%	13.85%(67)	13.41%(68)	0.44%(69)	3.28%(70)	12.75%(71)	1.11%(72)	8.71%(73)

*注：业务量保留整数。

解析：

① 25.00=430.00−405.00。

② 6.17%=25.00/430.00。

③ 97.00=430.00−333.00。

④ 29.13%=97.00/333.00。

⑤ 50 000.00=500 000.00−450 000.00。

⑥ 11.11%=50 000.00/450 000.00。

⑦ 20 000.00=500 000.00−480 000.00。

⑧ 4.17%=20 000.00/480 000.00。

⑨ 37 113.70=371 137.00−334 023.30。

⑩ 11.11%=37 113.70/334 023.30。

⑪ 17 382.00=371 137.00−353 755.00。

⑫ 4.91%=17 382.00/353 755.00。

⑬ 161.90=1 619.00−1 457.10。

⑭ 11.11%=161.90/1 457.10。

⑮ 67.00=1 619.00−1 552.00。

⑯ 4.32%=67.00/1 552.00。

⑰ 1947.20=29 472.00 −27 524.80。

⑱ 7.07%=1947.20/27 524.80。

⑲ −664.00=29 472.00−30 136.00。

⑳ −2.20%=−664.00/30 136.00。

㉑ 1 299.10=22 991.00−21 691.90。

㉒ 5.99%=1 299.10/21 691.90。

㉓ −2 124.00=22 991.00−25 115.00。

㉔ −8.46%=−2 124.00/25 115.00。

㉕ 550.80=5 508.00−4 957.20。

㉖ 11.11%=550.80/4 957.20。

㉗ −2 739.00=5 508.00−8 247.00。

㉘ −33.21%=−2 739.00/8 247.00。

㉙ 8 927.30 =69 273.00−60 345.70。

㉚ 14.79%=8 927.30/60 345.70。

㉛ 8 078.00=69 273.00−61 195.00。

㉜ 13.20%=8 078.00/61 195.00。

㉝ 1 785.46 =13 854.60 −12 069.14。

㉞ 14.79%=1 785.46 /12 069.14。

㉟ 1 615.60=13 854.60−12 239.00。

㊱ 13.20%=1 615.60/12 239.00。

㊲ 7 141.84=55 418.40 − 48 276.56。

㊳ 14.79%=7 141.84/48 276.56。

㊴ 6 462.40=55 418.40−48 956.00。

㊵ 13.20%=6 462.40/48 956.00。

㊶ 74.23% =371 137.00/500 000.00。

㊷ 74.23%=334 023.30/450 000。

㊸ 0.00%=74.23%−74.23%。

㊹ 73.70%=353 755.00/480 000.00。

㊺ 0.53%=74.23%−73.70%。

㊻ 0.72%=0.53%/73.70%。

㊼ 0.32%=1 619.00/500 000.00。

㊽ 0.32%=1 457.10/450 000.00。

㊾ 0.00%=0.32%−0.32%。

㊿ 0.32%=1 552.00/480 000.00。

(51) 0.00%=0.32%−0.32%。

(52) 0.14%=（1 619.00/500 000.00−1 552.00/480 000.00）/（1 552.00/480 000.00）。

(53) 5.89%=29 472.00/500 000.00。

(54) 6.12%=27 524.80/450 000.00。

(55) −0.23%=5.89% −6.12%。

(56) −3.76%=−0.23%/6.12%。

(57) 6.28%=30 136.00/480 000.00。

(58) −0.39%=5.89%−6.28%。

(59) −6.21%=−0.39%/6.28%。

(60) 4.60% =22 991.00/500 000.00。

(61) 4.82%=21 691.90/450 000.00。

(62) −0.22%=4.60% −4.82%。

(63) −4.56%=−0.22%/4.82%。

(64) 5.23%=25 115.00/480 000.00。

(65) −0.63%=4.60%−5.23%。

(66) −12.06%=−0.63%/5.23%。

(67) 13.85% =69 273.00/500 000.00。

(68) 13.41%=60 345.70/450 000.00。

(69) 0.44%=13.85% −13.41%。

(70) 3.28%=0.44%/13.41%。

(71) 12.75%=61 195.00/480 000.00。

(72) 1.11%=13.85%−12.75%。

(73) 8.71%=1.11%/12.75%。

子任务 8.4.2 综合分析报告

任务描述

根据企业 UFO 报表附表，完成 2024 年综合业绩报告（见表 8−18）。带有“%”的计算结果四舍五入保留“%”前 2 位小数填列，如“3.05%”，业务量（机票数量）以整数结果填列，其余结果四舍五入保留 2 位小数填列。

表 8−18 2024 年综合业绩报告

金额单位：万元

业务量 单位：万张

序号	项目	预算执行对比				同期实际对比		
		实际完成	全年预算	差异	差异比率/%	上年同期	增减额	增减幅度/%
1	业务量	430.00	405.00	25.00	6.17%	333.00	97.00	29.13%
2	营业收入	500 000.00	450 000.00	50 000.00	11.11%	480 000.00	20 000.00	4.17%
3	毛利润	128 863.00①	115 976.70②	12 886.30③	11.11%④	126 245.00⑤	2 618.00⑥	2.07%⑦
4	净利润	55 418.40	48 276.56	7 141.84	14.79%	48 956.00	6 462.40	13.20%
5	毛利率/%	25.77%⑧	25.77%⑨	0.00%⑩	0.00%	26.30%⑪	−0.53%⑫	−2.01%⑬
6	净利率/%	11.08%⑭	10.73%⑮	0.35%⑯	3.28%⑰	10.20%⑱	0.88%⑲	8.64%⑳

续表

序号	项目	预算执行对比				同期实际对比		
		实际完成	全年预算	差异	差异比率/%	上年同期	增减额	增减幅度/%
7	总资产	530 480.00	545 350.00	−14 870.00㉑	−2.73%㉒	537 260.00	−6 780.00㉓	−1.26%㉔
8	总负债	271 000.00	305 060.00	−34 060.00㉕	−11.17%㉖	312 360.00	−41 360.00㉗	−13.24%㉘
9	净资产	259 480.00	240 290.00	19 190.00㉙	7.99%㉚	224 900.00	34 580.00㉛	15.38%㉜
10	资产负债率/%	51.09%㉝	55.94%㉞	−4.85%㉟	−8.67%㊱	58.14%	−7.05%	−12.13%
11	总资产收益率/%	10.38%㊲	8.92%㊳	1.46%㊴	16.38%㊵	9.24%㊶	1.14%㊷	12.34%㊸
12	净资产收益率/%	22.88%㊹	20.76%㊺	2.12%㊻	10.21%	19.47%㊼	1.29%㊽	6.64%㊾

注：业务量保留整数。

解析：

① 128 863.00=500 000.00−371 137.00。
② 115 976.70=450 000.00−334 023.30。
③ 12 886.30=128 863.00−115 976.70。
④ 11.11%=12 886.30/115 976.70。
⑤ 126 245.00=480 000.00−353 755.00。
⑥ 2 618.00=128 863.00−126 245.00。
⑦ 2.07%=2 618.00/126 245.00。
⑧ 25.77%=128 863.00/500 000.00。
⑨ 25.77%=115 976.70/450 000.00。
⑩ 0.00%=25.77%−25.77%。
⑪ 26.30%=126 245.00/480 000.00。
⑫ −0.53%=25.77%−26.30%。
⑬ −2.01%=−0.53/26.30%。
⑭ 11.08%=55 418.40/500 000.00。
⑮ 10.73%=48 276.56/450 000.00。
⑯ 0.35%=11.08%−10.73%。
⑰ 3.28%=0.35%/10.73%。
⑱ 10.20%=48 956.00/480 000.00。
⑲ 0.88%=11.08%−10.20%。

⑳ 8.64%=0.88%/10.20%。
㉑ −14 870.00=530 480.00−545 350.00。
㉒ −2.73%=−14 870.00/545 350.00。
㉓ −6 780.00=530 480.00−537 260.00。
㉔ −1.26%=−6 780.00/537 260.00。
㉕ −34 060.00=271 000.00−305 060.00。
㉖ −11.17%=−34 060.00/305 060.00。
㉗ −41 360.00=271 000.00−312 360.00。
㉘ −13.24%=−41 360.00/312 360.00。
㉙ 19 190.00=259 480.00−240 290.00。
㉚ 7.99%=19 190.00/240 290.00。
㉛ 34 580.00=259 480.00−224 900.00。
㉜ 15.38%=34 580.00/224 900.00。
㉝ 51.09%=271 000.00/530 480.00。
㉞ 55.94%=305 060.00/545 350.00。
㉟ −4.85%=51.09%−55.94%。
㊱ −8.67%=−4.85%/55.94%。
㊲ 10.38%=55 418.40/[537 260.00＋530 480.00/2]。
㊳ 8.92%=48 276.56/[545 350.00＋537 260.00/2]。
㊴ 1.46%=10.38%−8.92%。
㊵ 16.38%=1.46%/8.92%。
㊶ 9.24%=48 956.00/[537 260.00＋522 360.00/2]。
㊷ 1.14%=10.38%−9.24%。
㊸ 12.34%=1.14%/9.24%。
㊹ 22.88%=554 184.00/[224 900.00＋259 480.00/2]。
㊺ 20.76%=48 276.56/[224 900.00＋240 290.00/2]。
㊻ 2.12%=22.88%−20.76%。
㊼ 19.47%=48 956.00/[278 000.00＋224 900.00/2]。
㊽ 1.29%=20.76%−19.47%。
㊾ 6.64%=1.29%/19.47%。

子任务 8.4.3　EVA 测算表

任务描述

根据本岗位资源 5，完成飞行一部 2025 年 EVA 测算表（见表 8-19）。以完整小数位数引用计算，带有“%”的计算结果四舍五入保留“%”前 2 位小数的百分数填列，如“3.05%”其余结果四舍五入保留 2 位小数填列。

表 8–19　飞行一部 2025 年 EVA 测算表

项　　目	飞行一组	飞行二组	飞行三组
债务资本成本（税前）	5.50%	3.50%	4.50%
债务资本成本（税后）/%	4.40%①	2.80%⑤	3.60%⑨
债务资本成本比重/%	40.00%②	50.00%⑥	60.00%⑩
股权资本成本/%	12.00%	16.00%	14.00%
股权资本成本比重/%	60.00%	50.00%	40.00%
加权平均资本成本/%	8.96%③	9.40%⑦	7.76%⑪
调整后的净营业利润/万元	1 200.00	1 000.00	1 500.00
调整后的平均资本占用额/万元	800.00	900.00	1 000.00
经济增加值（EVA）	1 128.32④	915.40⑧	1 422.40⑫

说明：所得税率按 20%计算。

解析：

① 4.40%=5.50%×（1−20.00%）。

② 40.00%=1−60.00%。

③ 8.96%=4.40%×40.00%＋12.00%×6.00%。

④ 1 128.32=1 200.00−800.00×8.96。

⑤ 2.80%=3.50%×（1−20.00%）。

⑥ 50.00% =1−50.00%。

⑦ 9.40%=2.80%×50.00%＋16.00%×50.00%。

⑧ 915.40=1 000.00−900.00×9.40%。

⑨ 3.60%=4.50%×（1−20.00%）。

⑩ 60.00%=1−40.00%。

⑪ 7.76%=3.60%×60.00%＋14.00%×40.00%。

⑫ 1 422.40=1 500.00−1 000.00×7.76%。

附录 A　企业 UFO 报表

表 A–1　资产负债表

编制单位：中国腾飞航空股份有限公司　　　　单位：元

资　　产	2021 年	2024 年	2023 年	负债和所有者权益（或股东权益）	2021 年	2024 年	2023 年
流动资产：				流动负债：			
货币资金	1 100 000 000.00	1 200 000 000.00	1 000 000 000.00	短期借款	800 000 000.00	530 000 000.00	550 000 000.00
以公允价值计量且其变动计入当期损益的金融资产				以公允价值计量且其变动计入当期损益的金融负债			
衍生金融资产				衍生金融负债			
应收票据				应付票据	63 000 000.00	600 000 000.00	500 000 000.00
应收账款	120 000 000.00	120 500 000.00	110 000 000.00	应付账款	200 000 000.00	30 100 000.00	40 000 000.00
预付款项	56 000 000.00	49 000 000.00	46 000 000.00	预收款项	80 000 000.00	100 000 000.00	120 000 000.00
应收利息				应付职工薪酬			
应收股利				应交税费	600 000.00	500 000.00	

续表

资　　产	2021 年	2024 年	2023 年	负债和所有者权益（或股东权益）	2021 年	2024 年	2023 年
其他应收款	600 000 000.00	700 000 000.00	690 000 000.00	应付利息			
存货	33 000 000.00	50 000 000.00	56 000 000.00	应付股利			
持有待售资产				其他应付款		423 000 000.00	
一年内到期的非流动资产				持有待售负债			
其他流动资产				一年内到期的非流动负债			
流动资产合计	1 909 000 000.00	2 119 500 000.00	1 902 000 000.00	其他流动负债			
非流动资产：				流动负债合计	1 143 600 000.00	1 683 600 000.00	1 210 000 000.00
可供出售金融资产				非流动负债：			
持有至到期投资				长期借款	1 300 000 000.00	1 440 000 000.00	1 500 000 000.00
长期应收款				应付债券			
长期股权投资				其中：优先股			
投资性房地产				永续债			
固定资产	2 700 000 000.00	2 800 000 000.00	3 000 000 000.00	长期应付款			
在建工程	611 400 000.00	450 000 000.00	400 000 000.00	预计负债			
工程物资				递延收益			
固定资产清理				递延所得税负债			

续表

资　　产	2021 年	2024 年	2023 年	负债和所有者权益（或股东权益）	2021 年	2024 年	2023 年
生产性生物资产				其他非流动负债			
油气资产				非流动负债合计	1 300 000 000.00	1 440 000 000.00	1 500 000 000.00
无形资产	0.00	0.00	0.00	负债合计	2 443 600 000.00	3 123 600 000.00	2 710 000 000.00
开发支出				所有者权益（或股东权益）：			
商誉				实收资本（或股本）	650 000 000.00	700 000 000.00	600 000 000.00
长期待摊费用	3 200 000.00		2 800 000.00	其他权益工具		0.00	
递延所得税资产				其中：优先股			
其他非流动资产				永续债			
非流动资产合计	3 314 600 000.00	3 253 100 000.00	3 402 800 000.00	资本公积	630 000 000.00	500 000 000.00	784 800 000.00
				减：库存股			
				其他综合收益	1 000 000 000.00	504 000 000.00	700 000 000.00
				盈余公积	20 000 000.00	25 000 000.00	20 000 000.00
				未分配利润	480 000 000.00	520 000 000.00	490 000 000.00
				所有者权益（或股东权益）合计	2 780 000 000.00	2 249 000 000.00	2 594 800 000.00
资产总计	5 223 600 000.00	5 372 600 000.00	5 304 800 000.00	负债和所有者权益（或股东权益）总计	5 223 600 000.00	5 372 600 000.00	5 304 800 000.00

表 A–2　利润表

单位：元

项　　目	2021 年	2024 年	2023 年
一、营业收入	3 600 000 000.00	4 800 000 000.00	5 000 000 000.00
减：营业成本	2 415 980 000.00	3 537 550 000.00	3 711 370 000.00
税金及附加	9 260 000.00	15 520 000.00	16 190 000.00
销售费用	246 680 000.00	301 360 000.00	294 720 000.00
管理费用	254 910 000.00	251 150 000.00	229 910 000.00
财务费用	57 420 000.00	82 470 000.00	55 080 000.00
资产减值准备	0.00	0.00	0.00
加：公允价值变动收益（损失以“–”号填列）	0.00	0.00	0.00
投资收益（损失以“–” 号填列）	0.00	0.00	0.00
其中：对联营企业和合营企业的投资收益	0.00	0.00	0.00
资产处置收益（损失以“–”号填列）	0.00	0.00	0.00
其他收益	0.00	0.00	0.00
二、营业利润（亏损以“–”号填列）	615 750 000.00	611 950 000.00	692 730 000.00
加：营业外收入	0.00	0.00	0.00
减：营业外支出	0.00	0.00	0.00
三、利润总额（亏损总额以“–”号填列）	615 750 000.00	611 950 000.00	692 730 000.00
减：所得税费用	123 150 000.00	122 390 000.00	138 546 000.00
四、净利润（净亏损以“–”号填列）	492 600 000.00	489 560 000.00	554 184 000.00

表 A–3　预计资产负债表

编制单位：　　　　　　　　　　　　　　　　　　　　　　　　　　　　单位：元

资　　产	2021 年	2024 年	2023 年	负债和所有者权益（或股东权益）	2021 年	2024 年	2023 年
流动资产：				流动负债：			
货币资金	1 000 000 000.00	1 300 000 000.00	1 100 000 000.00	短期借款	900 000 000.00	620 000 000.00	590 000 000.00
以公允价值计量且其变动计入当期损益的金融资产	0.00	0.00	0.00	以公允价值计量且其变动计入当期损益的金融负债	0.00	0.00	0.00
衍生金融资产	0.00	0.00	0.00	衍生金融负债	0.00	0.00	0.00
应收票据	0.00	0.00	0.00	应付票据	73 000 000.00	500 000 000.00	600 000 000.00
应收账款	110 000 000.00	100 500 000.00	100 000 000.00	应付账款	200 000 000.00	30 000 000.00	40 000 000.00
预付款项	55 000 000.00	48 000 000.00	45 000 000.00	预收款项	70 000 000.00	110 000 000.00	120 000 000.00
应收利息	0.00	0.00	0.00	应付职工薪酬	0.00	0.00	0.00
应收股利	0.00	0.00	0.00	应交税费	500 000.00	600 000.00	600 000.00
其他应收款	602 000 000.00	704 000 000.00	680 000 000.00	应付利息	0.00	0.00	0.00
存货	37 000 000.00	52 000 000.00	56 000 000.00	应付股利	0.00	0.00	0.00
持有待售资产	0.00	0.00	0.00	其他应付款	0.00	0.00	0.00
一年内到期的非流动资产	0.00	0.00	0.00	持有待售负债	0.00	0.00	0.00

续表

资　　产	2021年	2024年	2023年	负债和所有者权益（或股东权益）	2021年	2024年	2023年
其他流动资产	0.00	0.00	0.00	一年内到期的非流动负债	0.00	0.00	0.00
流动资产合计		2 204 500 000.00	1 981 000 000.00	其他流动负债	0.00	0.00	0.00
非流动资产：				流动负债合计	1 243 500 000.00	1 260 600 000.00	1 350 600 000.00
可供出售金融资产	0.00	0.00	0.00	非流动负债：			
持有至到期投资	1 804 000 000.00	0.00	0.00	长期借款	1 500 000 000.00	1 540 000 000.00	1 700 000 000.00
长期应收款		0.00	0.00	应付债券	0.00	0.00	0.00
长期股权投资	0.00	0.00	0.00	其中：优先股	0.00	0.00	0.00
投资性房地产	0.00	0.00	0.00	永续债	0.00	0.00	0.00
固定资产	2 750 000 000.00	2 900 000 000.00	3 040 000 000.00	长期应付款	0.00	0.00	0.00
在建工程	620 000 000.00	470 000 000.00	430 000 000.00	预计负债	0.00	0.00	0.00
工程物资	0.00	0.00	0.00	递延收益	0.00	0.00	0.00
固定资产清理	0.00	0.00	0.00	递延所得税负债	0.00	0.00	0.00
生产性生物资产	0.00	0.00	0.00	其他非流动负债	0.00	0.00	0.00
油气资产	0.00	0.00	0.00	非流动负债合计	1 500 000 000.00	1 540 000 000.00	1 700 000 000.00
无形资产	0.00	0.00	0.00	负债合计	2 743 500 000.00	2 800 600 000.00	3 050 600 000.00

续表

资　　产	2021 年	2024 年	2023 年	负债和所有者权益（或股东权益）	2021 年	2024 年	2023 年
开发支出	0.00	0.00	0.00	所有者权益（或股东权益）：			
商誉	0.00	0.00	0.00	实收资本（或股本）	680 000 000.00	720 000 000.00	650 000 000.00
长期待摊费用	3 100 000.00	3 300 000.00	2 500 000.00	其他权益工具	0.00	0.00	0.00
递延所得税资产	0.00	0.00	0.00	其中：优先股	0.00	0.00	0.00
其他非流动资产	0.00	0.00	0.00	永续债	0.00	0.00	0.00
非流动资产合计	3 373 100 000.00	3 373 300 000.00	3 472 500 000.00	资本公积	650 000 000.00	530 000 000.00	570 000 000.00
				减：库存股	0.00	0.00	0.00
				其他综合收益	613 600 000.00	955 800 000.00	706 900 000.00
				盈余公积	30 000 000.00	22 000 000.00	26 000 000.00
				未分配利润	460 000 000.00	550 000 000.00	450 000 000.00
				所有者权益（或股东权益）合计	2 433 600 000.00	2 777 800 000.00	2 402 900 000.00
资产总计	5 177 100 000.00	5 577 800 000.00	5 453 500 000.00	负债和所有者权益（或股东权益）总计	5 177 100 000.00	5 578 400 000.00	5 453 500 000.00

表 A–4 预计利润表

单位：元

项 目	2021 年	2024 年	2023 年
一、营业收入	3 240 000 000.00	4 320 000 000.00	4 500 000 000.00
减：营业成本	2 174 382 000.00	3 183 795 000.00	3 340 233 000.00
税金及附加	8 334 000.00	13 968 000.00	14 571 000.00
销售费用	222 012 000.00	201 360 000.00	275 248 000.00
管理费用	229 419 000.00	271 224 000.00	216 919 000.00
财务费用	51 678 000.00	74 223 000.00	49 572 000.00
资产减值准备	0.00	0.00	0.00
加：公允价值变动收益（损失以“–”号填列）	0.00	0.00	0.00
投资收益（损失以“–”号填列）	0.00	0.00	0.00
其中：对联营企业和合营企业的投资收益	0.00	0.00	0.00
资产处置收益（损失以“–”号填列）	0.00	0.00	0.00
其他收益	0.00	0.00	0.00
二、营业利润（亏损以“–”号填列）	554 175 000.00	575 430 000.00	603 457 000.00
加：营业外收入	0.00	0.00	0.00
减：营业外支出	0.00	0.00	0.00
三、利润总额（亏损总额以“–”号填列）	554 175 000.00	575 430 000.00	603 457 000.00
减：所得税费用	110 835 000.00	115 086 000.00	120 691 400.00
四、净利润（净亏损以“–”号填列）	443 340 000.00	460 344 000.00	482 765 600.00

表 A–5 2023 年各中心成本费用表

单位：元

项 目	2021 年	2024 年	2023 年
航班作业	1 300 000 000.00	2 086 910 000.00	2 345 840 000.00
航线作业	900 000 000.00	1 350 000 000.00	1 165 530 000.00
旅客作业	296 680 000.00	302 000 000.00	339 720 000.00
网络作业	478 310 000.00	433 620 000.00	439 990 000.00
合计	2 974 990 000.00	4 172 530 000.00	4 291 080 000.00

表 A–6 2023 年各中心成本费用明细表

单位：元

费 用 类 别	旅客作业	航线作业	航班作业	网络作业
BSP 手续费	39 720 000.00	0.00	0.00	0.00
电脑订座费	100 000 000.00	0.00	0.00	0.00
餐食供应费	200 000 000.00	0.00	0.00	0.00

续表

费用类别	旅客作业	航线作业	航班作业	网络作业
经营性租赁租金	0.00	600 000 000.00	0.00	0.00
飞机及发动机大修理费	0.00	190 000 000.00	0.00	0.00
飞机及发动机大折旧	0.00	280 000 000.00	0.00	0.00
高价周转件折旧	0.00	55 530 000.00	0.00	0.00
空勤及飞行人员工资	0.00	40 000 000.00	0.00	0.00
机场起降服务费	0.00	0.00	195 000 000.00	0.00
航务费	0.00	0.00	91 470 000.00	0.00
航路使用费	0.00	0.00	48 000 000.00	0.00
航空油料费	0.00	0.00	1 711 370 000.00	0.00
航空耗材件消耗	0.00	0.00	240 000 000.00	0.00
机组食宿费	0.00	0.00	60 000 000.00	0.00
经营管理费用	0.00	0.00	0.00	80 986 000.00
财务费用	0.00	0.00	0.00	55 080 000.00
特业人员培训	0.00	0.00	0.00	40 979 000.00
后勤其他费用	0.00	0.00	0.00	107 945 000.00
广告费	0.00	0.00	0.00	100 000 000.00
营销内勤人员工资	0.00	0.00	0.00	55 000 000.00
合计	339 720 000.00	1 165 530 000.00	2 345 840 000.00	439 990 000.00

表 A-7　2023 年各中心预计成本费用表　　单位：元

项　　目	2021 年	2024 年	2023 年
航班作业	1 218 481 000.00	1 595 640 000.00	2 042 000 000.00
航线作业	800 000 000.00	1 300 000 000.00	1 038 233 000.00
旅客作业	246 680 000.00	301 360 000.00	439 700 000.00
网络作业	412 330 000.00	533 602 000.00	362 039 000.00
合计	2 677 491 000.00	3 730 602 000.00	3 881 972 000.00

表 A-8　2023 年各中心预计成本费用明细表　　单位：元

费用类别	旅客作业	航线作业	航班作业	网络作业
BSP 手续费	39 700 000.00	0.00	0.00	0.00
电脑订座费	140 000 000.00	0.00	0.00	0.00
餐食供应费	260 000 000.00	0.00	0.00	0.00

续表

费用类别	旅客作业	航线作业	航班作业	网络作业
经营性租赁租金	0.00	565 233 000.00	0.00	0.00
飞机及发动机大修理费	0.00	180 000 000.00	0.00	0.00
飞机及发动机大折旧	0.00	200 000 000.00	0.00	0.00
高价周转件折旧	0.00	55 000 000.00	0.00	0.00
空勤人员工资	0.00	38 000 000.00	0.00	0.00
机场起降服务费	0.00	0.00	155 000 000.00	0.00
航务费	0.00	0.00	92 000 000.00	0.00
航路使用费	0.00	0.00	45 000 000.00	0.00
航空油料费	0.00	0.00	1 450 000 000.00	0.00
航空耗材件消耗	0.00	0.00	250 000 000.00	0.00
机组食宿费	0.00	0.00	50 000 000.00	0.00
经营管理费用	0.00	0.00	0.00	70 000 000.00
财务费用	0.00	0.00	0.00	49 572 000.00
特业人员培训	0.00	0.00	0.00	50 010 000.00
后勤其他费用	0.00	0.00	0.00	96 909 000.00
广告费	0.00	0.00	0.00	60 000 000.00
营销内勤人员工资	0.00	0.00	0.00	35 548 000.00
合计	439 700 000.00	1 038 233 000.00	2 042 000 000.00	362 039 000.00

表 A-9　2021—2023 年销售统计表　　单位：元

项　目		2021 年	2024 年	2023 年
经济舱	收入	3 000 000 000.00	4 140 000 000.00	4 400 000 000.00
	机票数量	3 000 000.00	3 000 000.00	4 000 000.00
	单价	1 000.00	1 380.00	1100.00
商务舱	收入	600 000 000.00	660 000 000.00	600 000 000.00
	机票数量	400 000.00	330 000.00	300 000.00
	单价	1 500.00	2 000.00	2 000.00
合计	收入	3 600 000 000.00	4 800 000 000.00	5 000 000 000.00
	机票数量	3 400 000.00	3 330 000.00	4 300 000.00

表 A-10　2023 年销售统计表 单位：元

项目		合计	第一季度	第二季度	第三季度	第四季度
经济舱	收入	4 400 000 000.00	900 000 000.00	900 000 000.00	1 500 000 000.00	1 100 000 000.00
	机票数量	4 000 000.00	1 000 000.00	900 000.00	1 000 000.00	1 100 000.00
	单价	1 100.00	900.00	1 000.00	1 500.00	1 000.00
商务舱	收入	600 000 000.00	54 000 000.00	220 000 000.00	300 000 000.00	26 000 000.00
	机票数量	300 000.00	50 000.00	110 000.00	120 000.00	20 000.00
	单价	2 000.00	1 080.00	2 000.00	2 500.00	1 300.00
合计	收入	5 000 000 000.00	954 000 000.00	1 120 000 000.00	1 800 000 000.00	1 126 000 000.00
	机票数量	4 300 000.00	1 050 000.00	1 010 000.00	1 120 000.00	1 120 000.00

表 A-11　2021—2023 年销售预算统计表 单位：元

项目		2021 年	2024 年	2023 年
经济舱	收入	2 400 000 000.00	3 600 000 000.00	3 600 000 000.00
	机票数量	2 000 000.00	3 000 000.00	3 600 000.00
	单价	1 200.00	1 200.00	1 000.00
商务舱	收入	840 000 000.00	720 000 000.00	900 000 000.00
	机票数量	400 000.00	360 000.00	450 000.00
	单价	1 600.00	2 000.00	2 000.00
合计	收入	3 240 000 000.00	4 320 000 000.00	4 500 000 000.00
	机票数量	2 400 000.00	3 360 000.00	4 050 000.00

表 A-12　2023 年销售预算统计表 单位：元

项目		合计	第一季度	第二季度	第三季度	第四季度
经济舱	收入	3 600 000 000.00	600 000 000.00	1 100 000 000.00	1 200 000 000.00	700 000 000.00
	机票数量	3 600 000.00	600 000.00	1 100 000.00	1 200 000.00	700 000.00
	单价	1 000.00	1 000.00	1 000.00	1 000.00	1 000.00
商务舱	收入	900 000 000.00	100 000 000.00	300 000 000.00	300 000 000.00	200 000 000.00
	机票数量	450 000.00	50 000.00	150 000.00	150 000.00	100 000.00
	单价	2 000.00	2 000.00	2 000.00	2 000.00	2 000.00
合计	收入	4 500 000 000.00	700 000 000.00	1 400 000 000.00	1 500 000 000.00	900 000 000.00
	机票数量	4 050 000.00	650 000.00	1 250 000.00	1 350 000.00	800 000.00

参考文献

[1] 尹益. 基于战略管理会计视角的 MY 航空公司经营业绩提升研究[D]. 上海：华东理工大学，2018.

[2] 张世新，贺跃华. 基于顾客价值链的顾客价值管理[J]. 商业时代，2006（27）：18-19.

[3] 何洪知. 关于会展公司在会展业中的竞争优势[C]//全国会展人才就业与教育合作交流论坛暨第二届全国会展人力资源供需北京交流会论文集. 2019：11-18.

[4] 杨芳. 企业内部控制双系统构建研究：基于事理学的阐释与应用[D]. 北京：中央财经大学，2012.

[5] 张延文. C 金融租赁公司飞机经营性租赁定价研究[D]. 上海：上海财经大学，2020.

[6] 李勇，陈祥碧. 管理会计[M]. 3 版. 北京：高等教育出版社，2021.